自由とセキュリティ

JN052423

Atsushi

a pilot of wisdom

プロローグ

いつ終わるともしれない行動制限の中、隔離と死の影がひたひたと足元に迫ってくるようなパンデミックの危機。その闇の奥にようやく薄明が見え始めたころ、ウクライナからは戦車の響きと虐げられた人々の嘆きが届くようになった。この日本で繰り返される災害によって、すでにささくれ立っていた心に、無数の不安の棘《とげ》が突き刺さる。そうした中で、セキュリティへの強い欲求が社会を覆い始めた。

セキュリティとは不安がないことを意味する。セキュリティの危機は、安定的な秩序への渇望を生む。多元性や自由は不安定につながると避けられ、一元性や強権が求められるようになる。権威主義体制のみならず、これまで自由を重視すると標榜《ひょうぼう》してきた社会さえ、変質の兆しを見せ始める。軍事的なものへの動員が進み、国策に反するとされるものは排除される。自由の領域が侵食されていく。自分たちの社会がこれからどの方向に向かうのか、それ自体が不安要因となり始めたのである。

二〇二二年春ごろ、そのような状況の中で筆者が選んだのは、自由とセキュリティとの関係を深く考えた何人かの思想家たちの仕事に立ち戻ることであった。それぞれの思想家を取り巻く状況は異なり、議論の文脈も異なっていたとしても、そこには何らかの共通の関心があるのではないか。そして、それは、今を生きる我々にとっても、無関係ではないはずだ、と思われたからである。

本書は、集英社新書編集長の落合勝人氏を「聞き役」として、各回一冊の書物について筆者が語り、その書き起こしを基に全面的に書き直す形で成立した。思想史家でもある同氏の鋭い問いかけなしには本書はあり得なかった。編集実務は編集部の井上梨乃氏にご担当いただき、同氏の着実なお仕事に大いに助けられた。

構成は必ずしも書物の年代順ではなく、語りの順番に基づいている。しかし、それはランダムではなく、自由を強調する政治理論とセキュリティを強調する政治理論をほぼ交互に取り上げることによって、思想家らの「対話」を再構成しようとしたものである。この試みは一定の成功を収め、時空を超えた対位法による一種の変奏曲集のようなものが、現れてきたように思う。

第一章では、最も典型的な自由論として、社会の「多数者の専制」に抗して、個人の選択を擁護する一九世紀のJ・S・ミルを読んだ。

第二章と第三章では一挙に時代を遡り、一七―一八世紀のホッブズとルソーが、セキュリティを確保する観点から、社会を構成する論理をどのように紡いだかを見た。

第四章では、二〇世紀に入り、自由の概念的な整理を行い、自らも多元主義と自由を強く擁護したバーリンを読んだ。

第五章で登場するのは、ホッブズを「継承」しつつ、戦争と内戦の時代にセキュリティ確保を構想したシュミットである。

そして第六章では、既存秩序への対抗の契機を歴史の中に発掘しようとする、フーコーの議論を論じた。

二〇二三年秋には、ウクライナの事態が収束しない中、パレスチナで新たな戦争が始まった。病院までもが攻撃を受け、罪のない子どもたちが命を落とす状況が、目に焼きついて離れない。そして、二〇二四年が明けるや否や、日本はまた大きな災害に見舞われることとなった。不安はいよいよ高まり、権力の一元化への衝動は強まり続けている。しかし、そうであるからこそ、既存の秩序とは別の可能性を考える自由の価値もいや増しているのではないだろうか。

本書で取り上げた思想家たちについては、それぞれ膨大な研究蓄積があるが、筆者はいずれについても専門とはしていない。本書は右に記したような問題意識に基づいて、筆者なりの読みを試みたものにすぎない。セキュリティ志向が強まる時代における自由の行方について、危機意識を共有する読者に本書が届くとすれば、それに勝る喜びはない。

目次

第一章　ミル『自由論』を読む

『自由論』（関口正司《まさし》訳）岩波文庫

ジョン・スチュアート・ミル（John Stuart Mill　一八〇六－七三年）はイギリスの思想家。父ジェームズ・ミルらから功利主義思想を受け継ぎ発展させると共に、個人の自由を尊重する自由主義思想を確立した。本章で論じる『自由論』（一八五九年）の他に『代議制統治論』、『功利主義論』、『論理学体系』などがある。

この章で読むミルの『自由論』ですが、冒頭にこうあります。

本書の主題は、いわゆる意志の自由ではない。意志の自由は、残念ながら、哲学的必然性と誤って名づけられた説と対置されている。本書の主題はこれではなく、市民生活における自由、社会の中での自由である。つまり、個人に対して社会が正当に行使してよい権力の性質と限界である。（邦訳 一二頁）

人間に自由意志があるのか、それとも神の意志によって行動が必然的に支配されているのかという伝統的な自由意志問題ではなく、個人の自由と社会のセキュリティとの関係を論じると明示されているわけです。まさに、本書での我々のテーマが正面から扱われています。

ミルのこの本での議論を簡潔にまとめると、真理発見のための少数意見の重要さと、幸福実現のための多様性の重要さという観点から、社会的なセキュリティ要求に抗して、思想と行動の自由を追求したもの、ということになります。

社会的専制

ミルはこの本で、かつては国家権力による自由の抑圧が最大の問題であったが、現在では、国家による自由の抑圧自体はほとんど問題にならないとしています。この現在とは一八五九年であり、日本でいえば幕末に当たりますが、国家が言論の自由などを抑圧する時代はもう終わったのであり、新しい問題が出てきている。一般の人々が、つまり社会の多数派が自由を抑圧することになったのだ、とミルは論じていきます。

これはイギリスの歴史の特徴ということもあるとは思います。他のところではその後、国家による言論抑圧がむしろ激化するわけで、日本などでは一九二〇年代、三〇年代にピークになります。それから一〇〇年たった現在も、世界のさまざまな場で、国家による言論抑圧、報道の抑圧が目撃されています。

ところがミルは、一八五〇年代の時点で、政府による抑圧は過去のものになったとする。もっとも、そのすぐ後に、国民の不寛容を代行する形で政府が抑圧することはあり得るとも言っています。すなわち、より民主化して、まさに国民の意見がより代表されるようになればなるほど、国民の中に不寛容が存在した場合には、結局は政府による抑圧が行われる可能性があるということです。

ここで彼が問題にしているのは、社会の多数派の意見と少数派の意見との関係です。これは一つにはマイノリティ問題という形で今も問われているし、言論に対する大衆的な抑圧、いわゆる「炎上」などが、しばしば目撃されています。こうした、ミルの言葉でいえば「社会的専制」がこの本では扱われています。

少数意見の重要性

しかし、そもそもなぜ、それほど少数意見を大事にしなければならないのでしょうか。民主的な社会なのだから多数派の言うことだけ聞いていればいい、という考え方も根強くある、というよりも、近年ではますます強まっています。

それは何よりも、真理の追究のためには少数意見が必要だからだ、というのがミルの議論の主軸です。

これについてミルはいくつかのことを言っています。一つ目は、多数意見が間違っているかもしれないこと。二つ目は、多数意見は間違ってはいないとしても、他の意見とぶつけて鍛えないと腐敗して弱まってしまうこと。それから三つ目に、非常に注目すべき論点として、少数意見と多数意見のどちらも真理の一面かもしれないということを挙げています。つまり、真理にはさまざまな側面があるので、それぞれの意見はそのうちのある部分を捉えているにすぎない可能性がある。したがって、さまざまな意見が相互に補い合うことによって、真理をより正確に捉えることができるかもしれない、ということです。いわば弁証法的な見方、すなわち、ある論点に対して、それとは対立する論点をぶつけ、さらに両者を総合する論点を見出《みいだ》していくような考え方です。

ミルは、多数派が絶対的に正しいという考え方に対しては、歴史上の二つの重要な反証を挙げています。一つがソクラテスの死、もう一つはキリストの処刑で、いずれもきわめて重要な思想家・宗教家なわけですが、それぞれが生きていた時代には社会秩序を混乱させる、つまりセキュリティを低下させる危険思想をふりまいているとされ、迫害されてしまいました。重要な思想について、同時代の一般の人々は必ずしもその真価を理解することはできない、とミルは主張します。

こうしたミルの少数意見擁護論は、今日、一般的に少数意見を尊重するという議論をする時の話とはかなり違います。一般的には、少数意見は変わった意見であり、おそらく間違っているけれども、無視したら可哀想《かわいそう》だから聞いてあげる。一応聞いてあげるが、聞くだけです、という感じの扱いが多い。そこでは多数意見の側に、自分たちの意見が間違っているかもしれないという謙虚さがありません。ミルはまさにそうした発想を問題にしているのです。

このことおそらく関連して、ミル自身がこの本で、まず何かを述べた上で、それに対する反論を予測し、それに再反論するという方法を、相当徹底して採用しています。これについて彼は、キリスト教の教理問答にもそうした面はあるが、教理問答というのは、やはり自分たちの教理が正しいという前提に立って、その上でやっているから限界があり、それよりは古代ギリシアでの、ソクラテスらの対話篇《へん》の方が良い、としています。

ただし、さらにミルは、本当の対話のためには、論敵がそこに実際に現れることが必要だ、とも言っています。

論敵の議論は、その主張を本気で信じていて熱心に擁護しそのために最善を尽くす人から、聞くことができなければならない。

(同八五頁)

誰かが論点を要約したものでは、不十分だと言っている。もっとも、こうした批判は、実はミルの書き方に対してブーメランのように返ってくる可能性もあります。ミル自身も、一種の想定問答のような書き方をしているわけですから。

ところで、ミルはこのように、とりわけ言論・思想・表現の自由など、一般的に内面の自由と言われているようなものを中心に自由の重要性を強調するわけですが、彼は自由というものに内在的な価値を見出していたのでしょうか。それとも、真理に到達するという目的のために、手段として自由が大切だという、結果を重視する帰結主義的な考え方なのでしょうか。おそらく両方なのですが、真理の近似値を探し続ける上で、従来の通説を相対化するために少数意見に強く期待する点が、他の思想家と比べての彼の特徴でしょう。そこには、啓蒙《けいもう》主義的なエリート主義がつきまとっています。彼が重視する少数意見とは、思想家など知的エリートのそれを主として想定していることは、否定できません。

少数意見の擁護

次に、多数派が不愉快になるような言論を認めるべきという彼の議論に対しては、表現の仕方に節度が必要だといった反対意見があり得るとミルは想定した上で、これに再反論します。

あらゆる意見を自由に表明することは許容すべきだとしても、表明の仕方について節度を守り、公平な議論の限界を超えないことが条件だ、と論じる人についてである。そういう限界を決めるのが不可能なことは、力説してよいだろう。

（同一二〇―一二一頁）

例えば、神の冒瀆《ぼうとく》は多くの人を不快にさせるかもしれないが、それも認めるべきだと言っています。日本で、三年ほど前に、「表現の不自由展・その後」というイベントが企画されましたが、展示内容に対して脅迫的な抗議が寄せられ、展示の中止に追い込まれるという出来事がありました。その際、ネット上だけでなく、さまざまなところの議論で見られたのが、表現の自由は大切だが限度があり、多くの人を不快にさせるような表現は認められないという考え方です。ミルの議論はまさにこれと対立しています。多数派にとって不愉快ならやめろ、ということでは、すぐに多くの少数意見が封殺されてしまうので、ミルの論点は重要です。

ただ、そこで、一つ注意しなければならないのは、それでは人種差別・性差別的な言論やネオナチのような議論、障がい者を貶《おとし》めるような議論も認められるべきなのか、という問題です。

この点についてですが、ミルの立場に即してまず言えることは、一連の差別的な議論というのは、少数派を攻撃する議論であって、その議論が少数であっても多くの場合、多数派によって消費されているものだということです。したがって、多数派の圧力から少数派を守るというミルの最も根幹にある問題意識からすれば、そうした議論は擁護されるものではない、ということになるでしょう。

もっとも、ミルは、ある種の宗教の一夫多妻制が女性の人権を軽視していると見えることに関して、それでも、その宗教に対して「十字軍」的な対応などしてはならない、ということを言っています。当事者である信者らが、女性たちも含めて、同意しているのだから、というのが彼の論点です。自国民にそのような考えを広めたくないとしても、あくまで説得で対抗すべきであり、信者らを力で沈黙させたりすべきではない、としています。

最近、欧米のフェミニストの一部が、イスラム教は女性を抑圧する宗教なので、自国へのイスラム系移民の規制は、女性の権利を守る観点から許されるなどと主張していることも、関連して思い出されます。また、現代アメリカの「新保守主義派（ネオ・コンサーヴァティヴ）」と呼ばれる勢力などは、自由な世界を広げると称して、イスラム圏に対して、軍事行動を含めて攻撃をしようとしてきました。

私自身は、この問題については、多様性というものの内在的な価値にコミットメントする立場から考えたいと思っています。少数意見は少数意見だというだけで無条件に擁護されるものではなく、社会の多様性を守るという目的に照らして擁護されるべきなのではないか。ネオナチなどの差別的な議論は、少数派を排除して社会を同質的にしたいという方向性、つまり多様性を否定することを目的とする議論であり、その議論が社会の中で現に少数意見であったとしても、多様性のための議論とは言えないのではないでしょうか。したがって、それを多様性の名において擁護すべきではないのです。

ただし、ミルも言うように、それを法などで禁止するかどうかは別の問題です。ドイツは歴史的な経緯から、ネオナチなどを違法化する「闘う民主主義」政策を採用していますが、それが唯一のやり方ではないでしょう。

ミルは、社会のセキュリティの観点から個人の行為に対して及ぼせる権力の限界、つまり冒頭に見た彼のテーマである社会と個人との境界線については、次のような原則があると整理します。

文明社会のどの成員に対してであれ、本人の意向に反して権力を行使しても正当でありうるのは、他の人々への危害を防止するという目的の場合だけである。（同二七頁）

ある人の行為の何らかの部分が他の人の利益に有害な影響を与えるやいなや、社会はその行為について判断を下す権限を持つことになる。（中略）しかし、ある人の行為が他の人々の利益を損なわない場合、（中略）このような問題を考える余地はない。

（同一六八―一六九頁）

これが一般に、ミルの「危害原理」と呼ばれるものです。もっとも、これが個人の自由を本当に幅広く認めることにつながるかは、「危害」をどう捉えるかにかかっています。

セキュリティ重視の立場からすぐ出てくるであろう議論は、ほぼすべての個人の行為は社会に影響を与えるのであって、純粋に個人にしか関わらない問題などほとんど存在しない、というものです。行為に限らず、言論にしても、社会にとって危険な内容であれば、他人に危害を与えると言えるのではないか、という話です。

これに対してミルは、エキセントリックな言論なども行っていい、ただ不愉快だというだけでは、それは止める理由にはならない。むしろ不愉快なことを言っている人は、重要な何かを示している場合が多いと言っています。社会はある程度のリスクは受忍すべきとしており、これは騒音問題などで日本の裁判所が示す「受忍限度論」などとは全く逆の話です。多少のことは個人が我慢しろというのとは反対に、社会の多数派の側が、多少のことは我慢しろ、ということです。多数派が過剰にセキュリティを求めることで、個人の自由が狭められることをミルは何よりも恐れます。

関連して、ミルはこの本の最後の方で、「応用」と称していくつかのトピックを取り上げながら、毒薬販売について議論しています。毒薬のようなものも、犯罪目的にしか使えないのであればともかく、他の目的でも使用され得る場合には、製造販売禁止などにはせず、注意書きをつけて販売し、本人の判断に委ねるべきというのです。その場合、あらかじめ購入者に氏名や住所を届けさせておく、などの「予定証拠」までは求めてもいいが、それ以上の規制はすべきではない、とします。この議論は、さまざまな規制緩和を求める議論の際によく引用されるものです。

なお、自分にしか関わらないのであれば何でもできるということなら、例えば自分を奴隷として売ることができるのか、という論点もあります。これについては、自由を失うための自由な選択というのは、一種の背理であるというのがミルの論点です。

> 自由の原理は、人が自由でなくなる自由を持つことを要求できない。本人の自由を放棄するのを許すことは、自由ではない。（同二二六頁）

これは通常、売春の自由などとの関係で問題になるところですが、資本主義的な労働が、他に選択の余地がない一種の強制労働であるというマルクス主義などの立場からすれば、労働契約の自由を素朴に想定することも、批判の対象となり得るでしょう。

多様性と慣習

ミルがこのように個人の自由の領域を幅広く認めようとするのは、社会に多様性が必要だと信じているからですが、なぜ多様性が必要なのか。一つは、これまでも見てきたように、少数意見も含めて多様な意見が確保されることで、社会の知的発展が期待できるからですが、これに加えて、ミルはもう一つのことを言っています。

> 生き方についても異なった試みが存在し、他人に危害がおよばない限りで性格の多様性に自由な余地が与えられ、自分で試みることがふさわしいと思うときには、異なった生き方の価値を実際に確かめてみることも有益である。（同一二七頁）

つまり、思想において単一の普遍的な真理に到達していないように、私たちは何が正しい生き方なのかについて結論を得ていないのだから、試行錯誤に価値があると言っているわけです。これは、道徳的実践のレベルでの多元主義と言えるでしょう。ある特定の生き方を押しつけるようなやり方に対抗するためには、こうした多元主義を確認することが必要だと思います。

しかし、こうした自発性の重要性は、多くの人々には理解されない。多くの人々は、従来の慣習を守っていればそれで良いと考えている、とも彼は述べます。そうした文脈で、キリスト教カルヴァン派の禁欲道徳などが批判されます。それから中国などの東洋を批判している。東洋は慣習を墨守したから停滞したのであり、そのように萎縮しないで個性を発揮すべきだし、個人で判断すべきだと言っています。

個人が自分の判断で行動し、自分の意見に従って行動することが、結局は進歩をもたらすというのは、例えば、カントの「啓蒙とは何か」（一七八四年）などにも通じるような話です。カントは、啓蒙とは本来、権威や権力に従属せずに、あえて自分の頭で考えるようになることだとしました。

ヨーロッパが東洋のようになるのは危険だ、というミルの議論の仕方は、いかにもオリエンタリズム的ですが、彼は、多様性の喪失は、従来は多様性があったヨーロッパでもかなり進行しつつあると嘆いています。

しかし、すでに、ヨーロッパのこの強みはかなり失われ始めている。ヨーロッパは、すべての人々を画一化するという中国の理想に向けて決定的に進んでいる。トクヴィル氏は、最近の重要な著書の中で、今日のフランス人は、一世代前と比べても、どれほどたがいに似通っているかを論じている。

（同一六三―一六四頁）

このようにフランスの思想家アレクシ・ド・トクヴィルらを引きながら、境遇の平等化に伴い、また教育の普及によって、人々の考え方や感じ方の「同一化」が進行していることをミルは指摘します。そして、この「同一化」の進行は、「社会的専制」が強まりつつあることの背景とされます。

今の時代は、社会の最上層から最下層に至るまで、すべての人々が、敵愾心に満ちた恐ろしい監視の目にさらされているかのようにして暮らしている。（同一三七頁）

と、ミルは「監視の目」に言及しており、「同一化」から同調圧力が発生することを示唆しているのです。

ただし、こうしたミルの一連の議論には、一つ欠けている論点があるようにも思えます。それは、自由と慣習との間の連関についての考察です。自由というものは、実は自由を可能にするような慣習に依存している面があるのではないか、という問題。これについては、後にイギリスの思想史家アイザイア・バーリンを読みながら考えることにします。

主体について

関連して、ミルの議論にもう一つ、欠けているように見える点があります。それは、自由な主体というものの存在条件についての考察です。

ミルは、どんな個人でも自由な判断の主体たり得るとは思っていません。「未開人」にはそれはできない、と考えている。彼は東インド会社の社員でもあり、イギリス植民地主義の最前線で活動していたわけですから、これは深刻な意味を持ちます。一人前の主体でないものとしては、他に、未成年も想定されています。女性については、この本で献辞を捧げた亡きパートナーのハリエット・テイラーの影響もあって、彼は当時としては平等主義的に考えていましたが。

それでは、「文明社会」の成年男子であれば、誰でも自由な判断ができるのか。父であるジェームズ・ミルやジェレミー・ベンサムらは、功利主義の立場から、労働者階級にまで選挙権を広げる普通選挙を強力に推進しました。功利主義では、人間は個人の快楽・苦痛という感覚に基づいて行動するため、どの政策が社会の「最大多数の最大幸福」を実現するかは、一人一人に聞くしかないということになり、そこから普通選挙擁護論が出てきました。これに対し、この本の著者であるミルは、功利主義を否定するわけではないものの、その一方で、これまでにも見てきたように、多数意見に対して疑問を持ち、「多数者の専制」、「社会的専制」を恐れている面があります。

すなわち、大衆の判断力を、無条件で信頼しているわけではありません。その場合、政治学でよく出てくる論点は教育であり、この本でもミルは教育論も述べてはいます。その主な論点は、政府による画一的な公教育への懐疑であり、教育の場でも多様性を求める、ということです。

教育と共に、政治学でしばしば出てくる論点が、経済的な条件の整備です。そもそも、生活のセキュリティが確保されなければ、人は考えることもできないし、政治的に行動することもできない。したがって、自由のための平等というか、一定の福祉政策などが必要である、という議論です。ミルとほぼ同時代の哲学者トマス・ヒル・グリーンらがそうした考え方を示し、二〇世紀はじめには、イギリスで「ニュー・リベラリズム」と呼ばれる潮流になりました。

アメリカでは一九三〇年代の世界大恐慌をきっかけに、景気回復のための政府の役割を重視して福祉国家を目指す「ニュー・ディール・リベラリズム」という潮流が生まれました。それをある程度引き継ぐ形で、現代ではアメリカの哲学者ジョン・ロールズらを中心に、自由の前提条件としての貧困の除去は、「現代リベラリズム」の主要テーマとなっています。

こうした潮流との対比で、ミルのような議論は、しばしば一九世紀の「古典的リベラリズム」の典型と位置づけられます。そして、福祉国家重視の「現代リベラリズム」に対抗する形で改めて出てきた「自由放任主義（リバータリアニズム）」などとも、内容的には接近しているように見えます。政府の役割を認めず、個人を何の準備もなく市場競争に投げ込み、すべてを「自己責任」とする酷薄な考え方ではないか、という評価もあり得るでしょう。イギリスの中産階級に属するミルの、労働者階級の苦境への無関心を示すものとも。あるいは、市場経済が膨張する以前の牧歌的な哲学にすぎないと。

そうした批判も重要な論点を含んでいると思いますが、私はあえて、現代の自由論はあまりにもセキュリティ論の方に傾きすぎているのではないか、と問題提起したい面もあります。以前に拙著（『政治的思考』岩波新書、二〇一三年）でも少し述べたのですが、自由の条件として平等や貧困の克服が重要であるとしても、それは十分条件ではない。平等になれば必ず自由になる、というわけではない。逆に平等の話ばかりしていると肝心の自由の契機がどこかへ行ってしまうのではないか。そもそも主体の生存や生活を保障するとは、セキュリティの領域に属することなのではないか。

やはり自由論というのはそれ自体として論じられるべきで、自由の条件整備ということでセキュリティの問題ばかり論じるべきではないのではないでしょうか。実際に、自由な実践が行われ、定着することが不可欠です。ミルが言っているように、突飛な行動をしたり変わったことを言ったりしている人々が現にいて、人々がそれを妨害することなく、多様性が目に見えて現れているという中に自由はあるのではないのか、ということです。

自由の極北

すなわち、自由とは、確立した秩序ではない別の選択肢、「これではない何か」への志向を本質的な部分として含んでいると考えられますが、そこで一つ考えておきたい点があります。もしも、これが最善であるという秩序が見つかったら、もはや自由は不要になるのではないか。最善の秩序を変えることは改悪になるので、もはや他の選択肢を探す必要はなくなるのではないか、という話です。

ミルにおいては、自由が真理探究のための手段として位置づけられているため、彼にとっての問題は、真理に到達したら多様性は不要になるのか、という形で整理されます。

どういうことなのだ、意見の不一致が、真理を知るための必須条件だというのか（と問いただす人もいるだろう）。（中略）真理は、人類が全員一致で受け容れたとたんに、人類のあいだから消え去ってしまうのか。向上を遂げた知性の最高にして最善の成果は、（中略）あらゆる重要な真理を承認するという点で人類がますます一致することである。それなのに、この目標が達成されない限りでしか知性は存続しない、ということになるのか。（同九九頁）

実際に、意見の多様性の幅は次第に狭まってきている、とミルも認めます。そうであるとすれば、人類の認識発展と共に、自由の必要性も低下するのでしょうか。真理に達したら、もうその単一の真理ですべてを律していけばいいわけですから、多様性は必要なくなる。例えばマルクス主義者たちがそう信じたように。もう真理は解明されてしまったのだから、後はそれを実現すればよく、議論の多元性など必要ないということになるわけです。
しかし、ミルはこう述べます。

意見の多様性は、現時点では予測できないほど遠い将来にある知性の発展段階に人類が到達するまで有益であり続けるだろう。（同一〇四頁）

これは非常に重要な洞察だと思います。現代に出現したさまざまのイデオロギー、すなわち最終的な真理を標榜し、それへの動員を行おうとした諸々《もろもろ》の思想体系を相対化するために必要です。

さらにいえば、ミルはきわめて主知主義的に、つまり知性を重視する立場で真理の存在を語っていますが、そもそも人間の社会秩序や政治に関わる問題について、真理というものがあるのでしょうか。私自身は、後に読むバーリンらと同様に、そうした領域では複数の正しい考え方が、どこまで行っても残るという多元主義の立場に立つので、社会科学が発達した結果、自由な思想・言論が不要になるような事態を心配する必要はあまりないと思っています。私が「政治哲学」という言葉に抵抗を感じるのもそれと関連しており、この言葉にはどこか、普遍的な解への志向のようなものが伴っている気がしてならないのです。

感染症と社会的専制

　ところで、自由とセキュリティの関係ということで最近関心の的となったのは、ウクライナ戦争などの戦争の問題に加えて、何と言っても新型コロナ対策です。疫病から生命・健康を守る公衆衛生の領域は、まさにセキュリティの中心的な領域です。そして伝染病対策としては、中世ヨーロッパのペスト対策以来の検疫的な対策、つまり都市封鎖（ロックダウン）など、人々の行動の自由に対して制限が加えられる。ちなみに、後に読むフランスの歴史家・哲学者ミシェル・フーコーは、このような規律権力は、ペストのような細菌性の伝染病には効果があるが、天然痘などのウイルス性の伝染病の場合には、感染力が強いのでほとんど効果がない、としています。このあたりについては、後にフーコーを読む時に、また見ることにしましょう。

　いずれにしても、各国では政府の公式の政策として、ロックダウンなどの厳しい行動制限が行われました。そうした中で、日本では、飲食店などへの規制が、基本的には「お願い」の形で行われるなど、政府による介入は少なく、むしろ、マスクをしていない人々に着用を迫る一般人の「マスク警察」的な動きなど、社会的な同調圧力が機能してきました。

ミルの視点からすれば、まさに政治的抑圧よりも「社会的専制」が強いという話になるのですが、これをどう考えるべきか。

政府による規制と社会による規制、どちらが危険なのかという問題です。一つの考え方は、法律学者は多分にそう考えるところがありますが、やはり政府による規制の方が良いというものです。政府による規制に対しては、法的に対抗できる。法的な措置に対しては、法的な救済を求めることができる。あるいは、政府の政策への批判は、選挙を通じて政治的に表明することもできる。ところが、日本の場合のように社会的な圧力がかかった場合には、そのような手立てがない、ということがあります。

ただ、その一方で、中国などで行われているように、当局がきわめて直接的・強制的に陽性者を隔離するといった、強権的なやり方がいいのかどうか。それに比べれば社会的規制の場合には、非難を甘受すれば、ある程度自分の好きなように行動する余地、すなわち自由度が残される。その方が抑圧度は低いという考え方もある。そこはなかなか難しいところです。

すべての権力は国家から発しているという従来の権力観念は、フーコーの議論が登場してから、かなりの程度、相対化されました。むしろ、権力というものは社会の隅々から発生していて、それらが複雑に重なり合っていくものであると考えられるようになってきています。これは、先ほど見たようなミルの議論とも通じるところはあります。ミルやトクヴィルらが「多数者の専制」という逆説的な表現で言おうとしたこともそれです。元々の「専制君主」や「僭主《せんしゅ》」というのは一人でしたが、実は社会の多数派が権力を掌握している、という話です。

これに対して、やはり権力とは国家権力だと考えたい論者からは、フーコーらのように考えるとどこに権力があるかわからなくなり、権力批判が難しくなる、という批判がよく寄せられます。権力の実態がわかりにくいものになっているとすれば、権力についての説明もわかりにくくなるのは、どうしようもない面があるわけですが。それに、権力がローカルな現場で生まれているということは、ローカルな現場、つまり私たちの身の回りのところに、権力への抵抗の拠点を見出すことができる、ということも意味しています。

何よりも、日本での新型コロナをめぐる動きについて、「自由とセキュリティ」という本書の主題との関係では、個人の選択の自由という観点からの政策批判がきわめて弱かったことが大きな特徴でした。諸外国では、ロックダウンなどの厳しい対策が取られたからということもありますが、これに対する抗議デモなどがかなり行われました。日本ではそういう動きはほとんどありませんでした。

またワクチンについても、急ごしらえのもので長期的な安全性が十分に確保されているかわからない中で、その接種を強く推進することに対しては、批判もあってしかるべきです。私自身は進んでワクチン接種を選んだのですが、それと違う考え方も当然あると思います。しかしながら、少数意見が表に出せないような雰囲気が日本ではあった。ここにも、日本社会ではきわめてセキュリティ志向が強いことが表れていると思います。

今回のような公衆衛生に関わるセキュリティ問題に限らず、今後、例えば軍事的な衝突の危機が東アジア地域でも高まってきたような場合に、社会の雰囲気がどうなるのか心配です。政府の政策に対して疑問を提起することが、政府以上に、社会によって止められかねないという、まさにミルが指摘したような状況にならないかどうか。

自由と可謬《かびゅう》性

自由の意義を強調する理論に対しては、到底現実的でない空想的なことばかり述べているという批判がしばしばなされます。しかし、現実的な議論とはどういうものなのでしょうか。

例えば、一〇〇年前には、どんな人種も平等だとか、女性と男性が平等などと思っている人はほとんどいませんでした。そうした平等が政治的に実現できるとは思われていなかった。人権など絵に描《か》いた餅にすぎないと思われていた。しかし、現在はすべて実現に向けて動いているわけです。今では、どんな差別主義者も、差別をして何が悪いのかとまでは言いません。これは差別ではない、と言うだけです。日本のように、人権主張に対する社会的な抑圧が強いところでも、女性差別やLGBTQ差別は問題にされつつある。そう考えると、社会は基本的にはミルの考えるような、多様性を認める方向に行っているわけです。東ヨーロッパのように、EU（欧州連合）の人権レジームに反発して、人権思想に反駁《はんばく》しているような動きもないわけではないですが、大きな流れは見て取れると思います。

ただ、ミルはリベラリズムを押しつけることはしない。それは、あくまでも徐々に実現していくだけなのです。

前にもふれた点ですが、ミルは、常に自分の議論への反論を予測し、それに再反論するという形で弁証法的に議論を展開しています。自説を押し通そうとするのではなく、自分の議論をも相対化する。そういった姿勢も関係しているでしょう。

ただし、このように、すべての議論は間違いであり得るという議論には、一種のパラドックスも伴います。可謬性を論じているその議論自体が、間違っている可能性はないのか、という、それこそ、クレタ人の嘘《うそ》みたいな話です。「すべてのクレタ人は嘘つきだ、とクレタ人は言った」。そうなると、クレタ人は嘘つきだという話自体が嘘になってしまうのか、ということで。ミルについていえば、あらゆる議論を相対化しようという彼の議論そのものが相対化されると、その帰結はどうなるのか。なかなか難しい話です。

ただ、言えるのは、嘘を言おうとして嘘になることと、真理を追究しようとして、それでも嘘になってしまう、ということとの間には違いがあるという点です。ノーベル賞を受賞した本庶佑《ほんじょたすく》さんが以前、九割の科学論文は嘘であるという趣旨のことを言っていました。どんな論文も発表してから数年のうちに、間違いを指摘されてしまう。その意味では、科学者が論文として書いていることは、長い目で見れば、虚偽であると。

とはいえ、科学者は間違おうとしているわけではなくて、正しいことを言おうとしているのに、限界があるわけです。ミルの考え方もこれに近いのかもしれません。自然科学者でも、それを極めた人は、科学というものの本質と限界がわかっているように思います。むしろ、社会科学者の方が怪しい人が多い。特定の考え方を絶対的なものとしてこり固まる例が多々あります。
いずれにしてもミルの自由論は、社会のセキュリティ要求に対抗しつつ多様性・多元性の発露としての自由の可能性を追求したものと言えるでしょう。

二〇二二年四月二六日

第二章　ホッブズ『リヴァイアサン』他を読む

『リヴァイアサン』上・下（加藤節《たかし》訳）ちくま学芸文庫

トマス・ホッブズ（Thomas Hobbes　一五八八―一六七九年）はイギリスの思想家。自国の政治的危機に翻弄されつつ、社会を構成する個人もまた自然的な存在であるという観点から、幅広い分野での著作を残した。本書で論じる『リヴァイアサン』（一六五一年）、『市民論（国民論）』（一六四二年）の他に『法の原理』、『ビヒモス』などがある。

さて、この章では時代を遡ってホッブズを扱いますが、私は今回改めて読んで、彼は「自由とセキュリティの相剋《そうこく》」というテーマをまさに追究した人である、という思いを強くしました。自由と秩序とを対比し、秩序が確立しないと危ないという話をしている。ただ、その一方で、権力による命令の外では一定の自由の領域は認められるとしており、ある種、自由主義的な側面もある。議論の主軸としては、権力が足りなくてセキュリティが脅かされるリスクに比べれば、権力の過剰のリスクは小さいと繰り返し言っているわけですが、個人は絶対的な自由としての自然権を持つという前提を最初に立ててしまったので、それが後々まで効いてしまう。そのこともあって、彼の議論はところどころで綻《ほころ》びている。そこは、ホッブズの理論的な弱さでもあるし、面白さでもあると思います。

ホッブズは、一七世紀イギリスのきわめて不安定な政治状況に翻弄された人物です。内戦により王から議会へ政権が移り、その後、再び王権が回復される。このような経緯の中で、彼は亡命を余儀なくされ、さまざまな勢力から彼の著作には危険思想の嫌疑がかけられます。うまく立ち回らなければ命が危ないという、自分自身のセキュリティがかかる状況の中で書き続けることになったのです。

ある時期には議会側の権力を擁護しないと危ない、別な時期には王の権力を擁護しないと危ないという不安定な状況で、基本的にはどちらからも文句がつけられないような議論をせざるを得ない。そのため、どんな権力でも現に機能している権力が正当だ、というのが彼の議論の中核になります。

思考について

『リヴァイアサン』の第一部は人間論となっていて、まず感覚について論じていくわけですが、彼はこの本とは別に「哲学体系」として、『物体論』、『人間論』、そして、それに先立ち通常『市民論（De Cive）』と呼ばれているものの、むしろ『国民論』と呼ばれるべきものを書いています。一番重要なのは政治学だが、それについて論ずるには政治の主体としての人間を論じる必要があり、その前に、人間も物理的な存在なのだから物理学から始めなければならないとしたわけです。『リヴァイアサン』も同様の趣旨で構成されています。

この本の最初の感覚論のところでは、人間の感覚器官に何かがぶつかって感覚が生ずる、という話から、感覚が重なって想像となり、それが連鎖して因果関係が想定され、思考が生ずる、という過程を説明しています。人間の複雑に見える思考過程も、結局はそういう非常に単純な要素の連鎖であるとするのです。

なぜこのようなことをあえて言うのか、それは、彼の自由論と大いに関係しています。彼は人間の自由について特別な見方をしており、人間は真空状態の中で進路を選択しているわけではなくて、いろいろな経緯があって現在の地点に至っており、選択肢は実は限られている、とします。ホッブズはこうした人間のあり方を、石ころになぞらえています。そこになぜ、ある石ころが転がっているか。それは上から落ちてきて、ここに今ある。別に石はここにきたかったわけではなくて、いろいろな経緯があって、ここにあるわけです。そして、ここから落ちていくべき方向は限られている。

つまり、経路依存性を前提にした自由しか考えられないという身も蓋もない話です。限られた選択肢の中からしか選べないとしても、選んだのであれば十分自由と言える。恐ろしい人によって脅迫されたので、命乞いをして服従することも自由である。従わずに殺されるという選択肢もあったのに、それを選択しなかっただけであるとするのです。つまるところ人間の自由について、このような突き放した見方がホッブズにはある。

そうしたことを言うために、人間の思考も所詮は、感覚に基づく想像が経験化し、連鎖したものにすぎないなどと論じるのです。思考も石ころの動きと同じく自然現象であると。ただ、人間の場合には石ころや動物と違う重要な点が一つある、とはホッブズも言っています。それは言語の使用であり、言語はさまざまに悪用される。自分自身を偽るのに使う、他の人をだますのに使う、嘘を言うのに使う、人を攻撃するのに使う。主にこの四つの点で、争いをもたらすとされるのです。

その一方で、言葉を使って人間は理性的に推論するとも彼は考えており、非常に形式論理的に展開する自然科学的な推論について述べています。そこで興味深いのは、こういう科学的推論により、例えば「丸い四角」のような矛盾した考え方、すなわち背理を排除できるという議論です。これは、人々を動員して内戦をもたらすような、さまざまな政治的・宗教的なイデオロギーの排除などを想定していると思います。ちなみに「哲学体系」の中の『人間論』では、鏡やレンズを用いた時に虚像と実像を取り違えてしまう視覚上の問題などが詳しく論じられており、これも人間の認識における錯誤を排除することで、有害なイデオロギーの多くを整理できるという発想からきているような気もします。

さらに興味深いのは、自然科学的な推論をめぐって考え方の対立が生じた時、最終的には政治権力が決着をつけるべきだと言っている点です。学問の世界の方向性も政治的に決めていいということで、学問の自律性など重視していません。

そして、推論の結果、善悪の基準などについても、何と言っても元はその人の感覚に基づくものなので、人によって違いが出てくるだろう。その場合にも、最後は政治権力が介入して仲裁するとしています。前章で読んだミルのように意見の多様性を重視するのとは逆に、多様性をセキュリティへのリスクと見なしているわけです。このように、最初の感覚論のあたりにも、ホッブズの秩序志向が滲《にじ》み出ています。

力と自由について

次にホッブズが論じるのは、力（パワー）についてです。力とは、ある人が未来における明確な善を獲得するために現在持っている手段とされます。

ホッブズによれば、人間は未来のことを考える。動物は現在満腹なら明日のことは考えないが、人間はそうでなく未来のことも考えてしまうので、いくら貯《た》め込んでも不安であり、そのために争いが生じる。このことを述べた上で、彼が人々の間のパワーの不平等について論じていくのかというと、そうではありません。むしろ心身の能力は非常に平等であるとします。彼がなぜここで力の平等を強調するかというと、別に平等主義に関心があるわけではなくて、能力差に基づく自然な秩序、つまり「猿山的秩序」の可能性を封じるためです。もしも秩序が自然に成立してしまうのなら、この後の彼の議論、つまり社会契約論などは不要になってしまうので。

その上で、パワーを強めるには群れを作り、集権化するしかないという話に持っていきます。

> 人間の持つ力が最大になるのは、きわめて多くの人間の力が合成される場合であって、それは、彼らの力が同意によって自然の、または政治的な一人格に合一されることで成り立つ。（邦訳〈上〉一四四頁）

つまり、個々の人間の力には差がなく、たかが知れている。数を集め一体化させることで強力になる。これはさまざまな勢力間の闘争を目撃してきた彼の実感にも裏打ちされているでしょう。

そして、このあたりで彼は自由概念について、独自の定義をするわけです。まず、自由とは「外的障碍《しょうがい》の欠如」であるとします。これは、妨害されないことを自由と見なすという、自由論としては最もありふれた定義に見えます。しばらく後で読むバーリンが、自由概念は二つあるということを述べた時に、その一方の側の「消極的自由」の典型としてホッブズに言及します。しかし、ホッブズの自由論には普通の自由論を突き抜けたところがある。

先ほど石ころの例を見ましたが、ホッブズは水の話もしています。水は堰《せ》き止められるとそこで止まる。堰き止めていたものが外れれば、自由に流れるのだと。しかし、妨げられずに滔々《とうとう》と流れるとしても、水は流れる方向を自律的に選択しているわけではありません。水は低きに流れる。堰き止めが外れたら、周囲の一番低い方に流れるだけです。それは確かに妨害されていない、堰き止められていない状態ですが、自由な状態でしょうか。

ホッブズは、人間の自由もそれと同じようなものだと示唆しています。ある人が現在置かれている状況で、選択肢がほとんどない、いや一つしかない、殺される以外には。それでも、それを自由な選択と呼ぶわけです。これは我々の多くにとっては受け入れがたい自由観だと思います。人間とは所詮は石ころや流水のようなものにすぎないという、ホッブズのリアリズムというかペシミズムというか、そうしたものが見て取れます。

自然状態について

以上のような人間観を前提とすると、社会秩序を構築しない限り、とんでもないことになる、というのが次のホッブズの議論の趣旨です。そのために、秩序が存在しない状態、人々が完全な自由を持っている状態としての自然状態を想定してみよ、と彼は求めるのですが、これはいわば藁《わら》人形のようなものであって、釘《くぎ》を打って叩《たた》くために導入されていることに注意する必要があります。人間を自由なままにしておくとセキュリティが低下して耐えられない状況になるので、秩序が必要だということを言うために、作り出された仮構です。

自然状態では、人々は自然権を持っているとされます。自然権とは、自己保存のためには何でもやっていいという権利です。これを人間は生まれながらに持っている。こうした自然権を、各人が勝手に行使するとどうなるのか。その結果生じるセキュリティの喪失状況を、ホッブズは奇妙なほど具体的に記述しています。

そうした状態においては、勤労のための余地はない。勤労の果実が確実ではないからである。その結果、土地の耕作も、航海も、海路で輸入される諸財貨の使用も、広くて便利な建築物も、多くの力を要するものを移動させたり運搬したりする道具も、地表に関する知識も、時間の計算も、学芸も、文字も、社会もない。そして、もっとも悪いことに、そこでは、継続的な恐怖と暴力的死の危険とがあり、人間の生は、孤独で、貧しく、不快で、残忍で、しかも短い。

（同〈上〉二〇六―二〇七頁）

このホッブズの自然状態像は、それなりの経済的・文化的な水準に達している一七世紀ヨーロッパの状況を基に描写しているように見えます。そうした現状を同時代の読者に想起させた上で、それらがすべて失われたセキュリティの崩壊状況を想像させて恐怖させる、という形になっています。それが、この議論の本質でしょう。

ここで注目されるのは、自然状態においては、そもそも何が正しいとか間違っているとかいう正邪の別はないので、自然状態には悪がはびこっているといった言い方は間違っているとホッブズが主張していることです。これに注目したいのは、後で読むドイツの憲法学者・政治学者カール・シュミットが、ホッブズを典型的な「性悪説」の理論家であると主張しているからです。ホッブズは、自然状態が本当に危険なのは、善悪の区別すらない

「善悪の彼岸」であるからだと考えているわけですが、シュミットはその意味を十分に理解していたのでしょうか。自然状態では人々は自然権を自分勝手に行使しても、それが悪いことだと自覚することはあり得ません。だからこそ問題なのです。

自然法について

このことと関係して、ホッブズは自然法について、独自の議論をしています。一般に自然法とは、人間が作らなくても当然にある法とされ、神の意志と深い関係があり、人々を拘束する普遍的なものと考えられています。ホッブズもさすがに、多くの人があると信じている自然法の存在を否定することまではできませんが、自然法によって十分に秩序が成り立つという話にはしません。後の内戦の記憶が薄らいだ時期に活躍した思想家ジョン・ロックなどにはそうした考えが見られますが、ホッブズの理論ではそうはなっていません。

ホッブズという人は、道徳的な拘束力と法的な拘束力とを厳密に区別して考えていました。自然法は道徳的には人を拘束するのですが、法的な拘束力はない。自然法の議論を自然権の議論に近づけて考え、自然法があっても結局はセキュリティは確実には得られないので、皆で信約をして国家を作らなければならないという話に持っていきます。

「各人は、平和を獲得できるという希望を持つ限り、それに向かって努力すべきであるが、それを獲得できないときには、各人は戦争がもたらすあらゆる助力と利点とを求め、かつ利用してもよいということ」
（同〈上〉二一三頁）

つまり、自分のセキュリティがすべてに優先するので、自然法を守りながらセキュリティを得られるなら自然法を守るべきだが、そうでないなら自然権を行使していい、ということです。結局、契約によって秩序を形成し、自然権を放棄しなければセキュリティは確実にはならない、とされるわけです。

なお、契約について、よく使われるコントラクトという言葉を使わず、「信約（コヴナント）」という言葉を使っているのですが、当事者間の交換を同時に行うのが契約であるのに対して、信約とはこちらが先に渡して、将来相手に渡してもらうというもので、この用語法は『国民論』とは違っています。あえて時間軸を入れて、信約とは将来のために現在行うものであると、強調しているわけです。

それで肝心の自然状態を脱する際の信約に関してですが、ホッブズは非常に特徴的なことをいくつか言っていて、中でも重要なのは、恐怖によって強要された信約の有効性という、先ほどからの話です。誰かに征服されて、命乞いして服従する場合も、それは本人の自由な選択とされます。

ただ、同時に、個人自衛権は留保されています。煮て食っても焼いて食ってもいいという契約ではないということです。権力を絶対化する議論であるにもかかわらず、元々、何のために信約をするかというと、自分のセキュリティを高めるためなのだから、個人自衛権まで放棄することはできないとしています。そして、人は生まれつき殺されたり投獄されたりすることを避け、抵抗しようとするということを言っているわけです。ここから何が出てくるかというと、死刑にされそうになったら逃げることは問題ない、逃げ切れるものではないとしても、逃げようとすることは法的には問題ないということです。これについては、後でまたふれます。

権威づけについて

そして、第一六章「人格、本人および人格化されたものについて」という重要なところですが、このあたりで出てくるペルソナ論などの議論は『国民論』にはありません。ペルソナという言葉は人格（パーソナリティなど）とも結びつき、あるいはキリスト教の三位一体論では神、キリスト、聖霊のそれぞれの位格でもありますが、ホッブズは、ペルソナとは元々は仮面劇の仮面のことで、その概念が法廷などにも持ち込まれたと言います。仮面劇では、仮面をつけるとその仮面が表すものになりきることができる。他の誰かの仮面をつければ他の誰かを演じることになるけれども、自分自身の仮面をつけて自分自身を演じてもいい。王が王の仮面をつければ、それは王の役をたまたま王自身が演じているだけのことであると。

このことと同様に、元々はバラバラの群衆（マルチチュード）にすぎない人々が、一人一人、ある特定の一人の人物との間で、自分の代わりに自分を演じてもらうという内容（これをホッブズは、「権威づけ（オーソライゼーション）」と呼んでいます）の信約を結べば、その一人の人格において、すべての人々が代表される。以後は、その一人の人物の行為が、それぞれの人自身の行為となる。その結果として、一つの意思を持つ、まとまりのある人民（ポプルス）が成立する。これがホッブズのアイデアです。

各人は、彼らの共通の代表者に対して、彼から個々に権威を与えるのであり、彼らが代表者に一切の制限なしに権威を付与する場合には、彼らは代表者が行うすべての行為を自分のものとして認めることになる。（同〈上〉二六三頁）

なお、この権威づけ（オーソライゼーション）という言葉は、「オーサー」という言葉が「本人」という意味であることをふまえて、相手を「本人にする」という意味を含んでいます。

しかし、これは非常に奇妙な信約です。第一に、これは誰かを自分の代理人として指名するという類いの話ではありません。私が代理人を指名する場合には、私はあくまで本人として残ります。代理人は本人に指定された範囲内のことしかできない。ところが、ここでホッブズがさせようとしているのは、誰かが私の代わりに私の役を演じてしまい、その人が私自身、私本人になってしまう、ということなのです。なぜ、そんなことをホッブズはさせるのか。それは、そのように考えることで、私がもはやその誰かの命令に逆らうことができないようにするためです。なぜなら、その誰かは私自身でもあるのですから。自分の命令に逆らうなどということは、倒錯以外の何物でもないことになります。これこそがホッブズの狙いなのです。

ちなみに『国民論』ではどう書いていたかというと、他の人もそうするという条件の下に、自分自身の自然権を譲渡すべしと言っています。それに対して、『リヴァイアサン』ではさらに一歩進んで、代表者＝主権者は、あなたの単なる代理人などでないのはもちろん、あなたが権限を与えた人などですらなく、あなた自身であると考えよ、と言っているわけです。

法律上の人格を自然的な人格と切り離して考えるというのは、法学的な発想の基本ではあります。ホッブズは自然科学にも詳しいですが、法学の素養もある。法律の世界では、例えば知事が自分自身に懲戒処分を行う、といった具合の「ペルソナ」の使い分けは普通に行われています。そこまでは、必ずしも奇妙な話ではありません。

問題はむしろ、こういう法的なロジックが、人々が持っている戦闘の意思を喪失させる効果が実際にあるのか、という点にあります。「あの主権者はあなた自身ということに法的になっているので、逆らうのはおかしい」といくら言われても、逆らいたい人は逆らうのではないでしょうか。それを止めるのは、結局は暴力などの手段以外にあるのか。このあたりが、ホッブズについては以前から論じられてきた点です。実際に彼自身が、信約という言葉だけでは無力であるとして、「剣」すなわち暴力による強制の必要性にも言及しています。ただ、最終的に暴力に訴えるとしても、それを正当化する法的な論理として、彼は権威づけをも必要としているのでしょう。

この権威づけ論が奇妙である第二の点は、一人一人が個別に信約をするという点です。これは、オランダの法学者フーゴー・グロチウスらの一般的な社会契約論とは違う。一般的な社会契約論では、まずバラバラの人々が契約で結合して「人民」となる。その人民が次に支配者と支配・服従契約をするという、いわゆる二重契約になっています。これだと、支配・服従契約の解消がしやすい。解消しても人民というまとまりは残るので、別の支配者と契約し直せばいいだけです。ところが、ホッブズの『リヴァイアサン』のやり方では、セキュリティの喪失状況としての自然状態に戻る覚悟をしなければ信約の解消はできないし、そもそも個別の信約なので、他の人の出方がわからず、事実上、解消は不可能となっています。ここにも、とにかくいったん作った秩序を維持したいというホッブズの発想が現れています。

自然状態の存続

ホッブズの議論で私が重要と思うのは、権力というものを、あるいは秩序というものを、それを受け入れる側から見ていることです。ホッブズには、君主の倫理的な資質を云々《うんぬん》するような君主論はない。君主たるものかくあるべし、という議論はないわけです。それは、自分たちには左右しようがない形で、支配者が次々に交代していくのを目撃する中で、支配者は事実上決まるものであって、その資質を問うても意味がないという諦観を、彼が持たざるを得なかったということもあるのかもしれません。

同時に、彼自身のセキュリティのことを考えても、支配者の資質を正面から問うのは危険です。どんな言いがかりをつけられるかもわからないからです。極力、支配者の方は見ないで、秩序を受け入れる人々の側だけを見て、彼らが暴れ出さないような算段を考えるというのが、支配者の機嫌を損ねる心配もなく、一番の安全策なわけです。

それでは、彼は人々が暴れ出さないための対策をどう考えていたのか。「剣」すなわち実際の暴力による制圧も、もちろん想定されています。ちなみにホッブズは、主権者による処罰権とは、主権者だけが保持し続けている自然権なのだという、非常に奇妙な説明をしています。主権者は誰にも自分の自然権を譲渡していないのだから、彼には自然権が残っており、それを使うのだというのですが、これはどういう論理なのでしょうか。社会から徹底的に暴力を排除した上で、しかし秩序維持には暴力が必要だという観点から、ひねり出した論理のように見えます。ただ、これが、後でふれる国際関係における主権者の位置と、うまく整合していることも事実です。

しかし、暴力で抑えることを認めるのなら、そもそも契約説など必要なのか、はじめから暴力による制裁（サンクション）の議論では、ということにもなり得るでしょうが、ホッブズは国家による暴力という事実上の方策だけでは不十分と考えていました。

そこで利用されるのが、権威づけという法的な議論による説得、つまり支配者はあなた自身であるという論理であったわけです。そして、おそらくもう一つが、恐ろしい自然状態のイメージによる、心理的な脅迫だったのではないでしょうか。昔の日本のお坊さんが檀家《だんか》の人々に地獄絵図を見せて説教したようなものです。その意味では、この自然状態というものは、実は信約によって社会が成立した後にも、いわばヴァーチャルに存続しているのではないかと私は思います。

こうした心理的締めつけについてですが、今でも統制的な秩序の必要性を人々に説得しようとする時には、自然状態のイメージが求められます。最近の日本で、軍備増強路線を推し進めるにあたって、政治家や評論家らは、ウクライナの厳しい状況に常に言及しました。ああなったらどうするのか。憲法に緊急事態条項を作って、緊急時の権力集中を図らないと大変なことになる、と。これは戦争との関係においてもですが、大規模な災害やウイルスとの闘い、つまりパンデミック対策のような文脈でも、同じような構図は存在しました。例外状態、緊急事態というものは、我々の秩序の裏側にいつも透けて見えるように置かれていて、人々がそれを忘れそうになると光が当たり、人々にそれを見せつけるような形になっているものなのです。

ホッブズの権威づけのようなロジックを、我々のリベラル・デモクラシーの体制に適用することで、少数意見を封じようとする試みもしばしば見られます。選挙で選ばれた代表を、選挙民と完全に一体化して捉えるのです。選挙で民主的に選ばれた政権に反対するのは、自分に反対していることになり倒錯している。政権の言うことは自分の命令だと思って受け止めよ。こういう議論は、保守的な言論の世界では珍しくありません。選挙で選ばれた代表は確かに我々の代表ですが、私たち自身とは別の存在であり、そこには常にズレがあり乖離《かいり》がある。したがって、選挙と選挙の間にも意見を言うのは当然だ、というのが我々の社会の代表制の意味だと思うのですが、それが必ずしも共有されていません。

これに対し、たまたま最近の事例ですが、イギリスではジョンソン首相がコロナの時期に人々に我慢を強いたのに自分はパーティをしていたということで批判が高まり、相当問題になりました（その後、辞任、議員辞職）。我々は首相に対して自然権を放棄していませんし、ましてや彼をホッブズ的な意味での「本人」とは見なしていません。

国家について

そこで国家（コモンウェルス）についてです。まず、国家の目的についてホッブズは端的にこう述べています。

それは、将来における自らの保全についての、そして、それによるもっと満足の行く生活についての配慮にほかならない。換言すれば、それは、あの悲惨な戦争状態から脱けだすことへの配慮である。（同〈上〉二六九頁）

すなわち、セキュリティこそが国家の目的であるとしているのです。人間は蟻《あり》や蜂のように自然に秩序を作ることはできないので、戦争状態としての自然状態を脱してセキュリティを得るには「可死の神」としての国家が必要になる。これをホッブズは、旧約聖書に出てくる怪物リヴァイアサンになぞらえます。

そして、国家には作り方が二つあって、「設立（インスティテューション）」による国家と、「獲得（アクイジション）」による国家とがあるとされます。ここで設立とは皆で信約をすることで、獲得とは征服のことを言っています。

設立による国家形成とは、自分たちがお互いに、何をされるかわからないという恐怖を感じるので、誰かを指名してセキュリティを得るということです。他方、征服による国家形成とは、誰か怖い人がやってきたので、命乞いしてそれに服従することでセキュリティを得るということです。この両者の違いは我々にとっては大きく、例えば「民主的」な、一応は国民の意思表示をふまえて設立された体制と、軍事政権とでは、正当性が違うと考えられています。しかしホッブズは、どちらがいいといった判断はそもそもしない。そこが重要なところだと思います。とにかく何でもいいから秩序が安定すればいいのです。しかも、今の説明でも、結局我々を動かしているのは、セキュリティの欠如としての恐怖でしかなく、それが隣人に対する恐怖なのか、それとも征服者に対する恐怖なのかは問題にされません。

さらに、設立の方は、皆で権威づけをして秩序を作るわけですが、ホッブズはここで権威づけする対象、すなわち「主権者」は、一人ないし合議体としており、合議体でもいいと言っているところが興味深い。本来、意思を統一するという点では、一人に集中した方が有利でしょうが、ここでも支配者がどういう形態になっても対応できるように、つまり、議会などの合議体が権力を掌握した時にも揚げ足を取られないようにリスク・ヘッジしているわけです。

しかし、この設立の仕方については、いろいろと疑問が湧いてきます。まず、どうして、Aさんなら A さんという人を全員が代表として、しかも個別選択の結果として選ぶのか、という疑問があるわけです。B さんがいいという人が出てきたらどうするのか。その段階で、内戦の危機が生まれます。獲得による場合には、怖い人が誰かは目に見えているので、こういう問題は発生しませんが、設立の場合に、どうしてこの人で行こうと衆目が一致するのか。

実はこの点について、ホッブズは恐ろしいことを言っています。多数の者によって国家が設立された場合、自分が合議に加わっていたとすれば、多数派の意思を尊重することを暗黙のうちに信約していたのだから、従わないのは不正義である。さらに、そもそも合議に参加すらしていない場合であっても、つまり意見を聞かれなかった場合でさえ、設立された国家に加わらないなら自然状態に留《とど》まることになるので、殺されても仕方がない、と言うのです。

要するに、体制に順応してセキュリティを得るのか、自分の判断の自由を維持してセキュリティを失うか、それを選択する自由はあなたにあります、という脅迫なわけです。一般的に社会契約という形で同意による秩序を考えたとされているホッブズの議論は、彼のきわめてニヒリスティックな自由観を受け入れるのでない限り、到底、自発的とは言えないものだということになります。

主権と自己防衛権

こうして作られた国家を支えているのは、バラバラの個人と「主権者」との個々の信約関係だけであり、しかも特殊な権威づけによって、この主権者の意思がすべてとなるので、絶対的な権力になりかねない。主権者はあらゆることについて判断し、彼が何をしようとも処罰されることなどはない。こうした考え方に対しては、イギリスの政治的伝統からすれば、当然、警戒論が出てくるわけです。それは、国家の権力を国王と貴族と議会（庶民院）とで分有しているという、イギリスで歴史上成立してきた秩序を正当化する、コモン・ロー（慣習法）的な考え方です。

ホッブズはこれに真っ向から対抗します。そのような発想が内乱を生んだのだとして。君主といえども法に従うという「法の支配」の伝統についても、主権者は法に従わないとして否定する。このような主権分有論への批判、あるいは中間的な権力を認めないという議論は、しばらく後で読むカール・シュミットに引き継がれています。

また、古代ギリシア以来、政治体制を比較しランクづけする「政体論」というものが重要な政治思想史の伝統としてありますが、そこでは支配者の数で君主政・貴族政・民主政などと区別するのに加えて、良い政体と悪い政体という区別も存在するのが一般的でした。ホッブズはこれを批判し、そのように政治体制を比較する際に評価を持ち込むことが混乱の源だとして、形式的な区別だけに限定しています。その上で、支配者が一人である君主政が一番安定しているとします。

ただ、先ほどもふれたように、個人の自己防衛権は残されているので、死刑になりそうになったら逃げることも、道徳的には非難され得るが、法的には問題ないとしています。それから、自分や他人を殺すように命令されても、それには従わなくてもいい、とも言っています。国家防衛にとってどうしても必要な場合は別だ、などと留保をつけていますが、次章で読むルソーのように、共和国のために命を投げ出すのは当然だというのとは明らかに違います。すべてはセキュリティのため、という理論構成になっていることが、こういうところで効いてきます。

現在、ウクライナでは成人男性の出国が禁止されています。いきなりロシアがキーウまで攻めてきて市街戦になる恐れがあったので、そういう中でやむを得ない面があるかもしれませんが、まさに個人の自由と社会のセキュリティとがせめぎ合う形になっています。

これに対し、ホッブズの時代はまだ、総力戦の時代でないので状況が違うということもありますが、彼の議論が自然権から出発していることによって、絶対的秩序に一種の風穴が開いている面があると私は理解しています。

他者防衛の否定

関連して重要なのが、ホッブズは個人の自己防衛権は認める一方で、皆で共同して主権者に抵抗する自由については明確に否定していることです。他者の防衛権はないと言っています。これを認めれば、それこそ国内に軍事的な対抗勢力の存在を認めることになりかねず、内戦の危機を高めることになるわけですので、当然彼は認めません。悪い王には人民が共同して対抗していいという「暴君放伐論（モナルコマキア）」という潮流が一六世紀くらいからあるのですが、これはまさにホッブズの理論的な宿敵の一つとなります。このモナルコマキアについては、後にフーコーを読むところでもふれます。

しかし、この自己防衛権と他者防衛権の区別というホッブズの議論は、近年の日本で国論を二分したいわゆる集団的自衛権をめぐる論争などとの関係でも、興味深い論点を提供してくれます。もちろん、ホッブズがここで言っているのは国内の個人間の関係の話で、国家間の国際関係の話ではありません。しかし、日本での論争の時にも思いましたが、個人の自己防衛と国家の防衛とは全く別の話であるのに、あいまいなアナロジーによってつなげてしまい、さらには各国の個別的自衛権と軍事同盟としての集団的自衛権という、全く性格の異なるものをつなげて論じる粗雑な論法が、現代世界の「常識」になっているのは異様です。

ちなみにローマ法学者の木庭顕《こばあきら》は、国家の防衛権について刑法学的な正当防衛などの観念を用いて論じること自体が誤りであり、むしろ個別的自衛とは、自分が占有する土地に入ってきた人を排除できるという、ローマ法以来の「占有侵害の排除」として考えるべきだとしています。そして、その観点からすれば、自分の土地に入ってもいない相手に武力行使をする集団的自衛権などというものは成立し得ない、と言っています（『憲法9条へのカタバシス』みすず書房、二〇一八年)。

我々は、自分個人のセキュリティにとって、国家のセキュリティや、ましてや「密接な関係にある他国」のセキュリティがどのような意味を持つか、あるいは持たないのか、冷静に考えてみる必要がありそうです。

なお、ホッブズの国際関係についての認識は、基本的には、個人にとっての自然状態のアナロジーで、個々の国家が自然状態の中にあると考えられています。したがって、個人が防衛のために自然権を行使するように、それぞれの国家は、というより厳密には全員を代表する主権者が、防衛のために自然権を行使するわけです。こうしたホッブズのモデルは、個別国家が自由に戦争の開始や方法を決定できる無差別戦争観の一つと、通常考えられています。ただホッブズは、国際関係は自然法である万民法(国際法)に従うと述べており、この点で注意が必要だと思います。先にふれた区別との関係で、これは法的義務というよりは道徳的な義務のレベルではありますが、それでも、ホッブズは何でもありとしていたわけではありません。

ホッブズは、国家が不滅であるといった神話的な発想も、一切持ち合わせていませんでした。戦争や内戦によって国家が潰れた場合には、主権者との信約は終わる、と言っています。この国家＝リヴァイアサンは、永遠の存在たる神などとは異なり、あくまで「可死の神」にすぎないのです。

神について

そこで、宗教の話です。一七世紀当時には、キリスト教信仰の問題をどう扱うかはきわめて重要ですが、ホッブズは第二部の最後である程度、導入的なことを言い、第三部・第四部で、この本全体の半分の分量を当てる形で、かなり丁寧に展開しています。これについて、少しだけ見ておきましょう。

彼の基本的な考え方は、教会が世俗の国家権力から独立して、人々を具体的に動かすような影響力を持つことは非常に危ないので避けたいということです。

「神の王国」、つまり神が支配する現実世界は、古代イスラエルにはあったとされます。アブラハムが作った秩序は「獲得」によるもの、モーセの秩序は「設立」によるものに対応すると。しかし、そうしたものはもはやありえず、キリスト教共同体と世俗国家とは、すでにその範囲が重なっている。キリスト教国家としてのイギリスというものがあるとしても、それは世俗国家としてのイギリスと範囲が重なっている。そうであるとすれば、結局は同じものなのだと彼は主張します。同じものなので、同じ主権者によって代表されるべきであり、そこに命令系統が二つできないようにすべきだとする。主権者は神の法についての解釈権や宗教儀礼などについても決定できるものとされます。

こうした観点から、ホッブズはカトリックに対して、国境を越える国際的な神の王国を想定するものとして、『リヴァイアサン』の第四部などで徹底的な批判を行います。宗教を主権的権力の邪魔にならないような存在として規制し、イデオロギーの分裂がセキュリティを脅かさないようにするというのが、ホッブズの戦略だということです。こうした考え方は、一般にエラストゥス主義と呼ばれているもの、つまり、教会は国家に従属すべきという考え方に近いものと言えます。

権威づけとポピュリズム

最後に、ホッブズの権威づけの論理の現代的意味について、もう少し考えておきましょう。

近年、ポピュリズム的と呼ばれる政治体制が目立ちます。ポピュリズムの定義は定まっていませんが、多元性、多様性を否定し、一元的・集権的な政治を求めるものであることは間違いないでしょう。東欧諸国で、さらにはアメリカ合衆国でのトランプ政権などで、こうした傾向が見られました。ドイツ出身の政治学者ヤン＝ヴェルナー・ミュラーによると、真の人民を代表するのは自分たちだけである、すなわち、一つの勢力とその代表者しかないとし、それ以外は「人民の敵」などとして排除するところにポピュリズムの特徴がある（板橋拓己訳『ポピュリズムとは何か』岩波書店、二〇一七年）。ポピュリストは複数政党制などに価値を見出さず、自分たち以外の勢力は、全く人民を代表しないものであるか、外国と通じたスパイであるかのように扱う。このように一人が他のすべての人々を代表できるとし、指導者の考え方を人民の意志そのものと見なすというのは、明らかに、ホッブズの権威づけ理論を思わせます。

そして、こういうものが出てくる背景を考えると、経済のグローバル化によって雇用の安定性が脅かされたり、国内に外国人が増えて何となく不安であるとか、文化的な一体性が損なわれているといった、セキュリティ低下の意識があると言えるでしょう。

強い指導者を求めるというよりも、むしろ、誰でもいいから社会をまとめてもらいたい。自分たちがグローバル化の中で競争力のない弱い存在になりつつあるので、結束して、パワーを結集したい。その際、指導者が倫理的でないとか、あまり知的でないとか、間違った認識を持っているということは問題にしない。問題は、我々が「人民」としてまとまれるかどうかなのだ、という発想が蔓延《まんえん》しています。これもきわめてホッブズ的です。

ただし、何度か強調してきましたが、ホッブズは個人の自然権から出発しているので、あくまでも自己防衛権は重視し続ける。個人が人民という団体に完全に溶け込んでしまっているわけではないのです。ここにホッブズの自由主義的な側面があり、個人というものは必ずしも見失われていない。例えば、社会が一個の有機体であるところから出発するとか、個人が伝統の中に完全に埋没しているような理論とは違います。ルソーのように共同体と個人が一体化するという議論ではどうなのか、それについては、次章で読んで比較してみたいと思います。

二〇二二年六月二八日

第三章　ルソー『社会契約論』他を読む

『社会契約論』（作田啓一訳）白水Uブックス
『人間不平等起源論　付「戦争法原理」』（坂倉裕治訳）講談社学術文庫

ジャン＝ジャック・ルソー（Jean-Jacques Rousseau　一七一二―七八年）はジュネーヴ出身のフランスの思想家。独学の古典的教養に基づいて、同時代の啓蒙思想を批判し、社会契約による人民主権の共同体を構想した。本書で論じる『社会契約論』（一七六二年）、「戦争法原理」の他に『学問芸術論』、『政治経済論』などがある。

さて、この章で扱う『社会契約論』ですが、著者のルソーは一八世紀ジュネーヴ共和国に、特権ある市民の一人として生まれ、その後パリに出て、さまざまな分野の著作を残しました。この本は、副題が「Principes du droit politique」となっています。これは「政治的権利の原理」などと訳されることが多いですが、むしろ「国法の原理」です。ドロワ droit はフランス語の文脈では法でも権利でもあり得るし、この本でも権利とすべき箇所もありますが。politique もここでは、国の、という意味です。したがって、この本は国法学ないし憲法学の本に近い構成になっています。

フランス革命以前なので、我々が考えているような憲法はまだないのですが、今日なら憲法と言えるような基本法＝ロワ loi のレベルから、徐々により具体的なレベルの法や命令などについて論じることで、国家秩序を構想するのがこの本です。冒頭でルソーは、ここでは人間をあるがままの姿で捉え、そして、ロワをあり得る姿で捉え、社会秩序の中の正当な統治上の規則を探ると言っています。

まず最初に、君主や立法者（伝説上の国家建設者）でもないのにこんなことを論じて意味があるのかと言う人がいるが、逆であるとしています。君主や立法者はそんなことをわざわざ論じなくてもいい。彼らは秩序の正当性など気にする必要はない。なぜなら彼らは秩序を作る側なので、自分たちの都合で秩序を作るだけである。むしろ市民こそが秩序の正当性を論じることに意味がある。どういう秩序であれば我々は受け入れるべきなのか、どういう秩序は受け入れられないか、それを論じることに実益があると言っているわけです。

自由と秩序

その上で、「人は自由な者として生まれ、しかも鎖につながれている」という有名な一文が出てきます。ルソーは、こうした自由から従属への移行の理由については論じないと明言し、自分が論じるのはその正当化根拠なのだ、とします。先ほどの点です。それにしても、彼の自由の概念はどうなっているのか。

実は彼は、共和国の社会秩序の中に入っても、依然として人は自由であるという話を後の方ですることになるのですが、それは「社会的・政治的自由（リベルテ・シビル）」のことであって、人々が元々持っていた「自然的自由（リベルテ・ナチュレール）」とは区別されています。社会状態、政治国家の中に入った時の自由とは、共同体ないし国家と一体化する形の自由です。個人としての自由ではない。そこでは当然、自由の性格自体が変わってしまうはずです。このあたりについては後で見ます。

この本では最初の方でグロチウス批判をかなりやっていますが、そこにはホッブズ批判の論点も入ってきます。まずは、支配者となる人と従属者となる人が生まれながらに区別できるという、グロチウスのいわゆる自然的奴隷制論を批判する。これを認めてしまうと、契約などするまでもなく、自然的な秩序が成立してしまいますので。

この点、ホッブズの場合には、人間の能力はほぼ平等だから秩序はできないという議論でしたが、ルソーは、仮に従属関係が実際に存在したとしても、それは事実上のものであって、法的に正当化されるわけではない、と言います。物理的な力は道徳的な効果を生まないとし、物理的な強さと正当化可能であるということを厳密に区別します。

ルソーの言い方では、物理的な力によって従属するのは「必然性（ネセシテ）」の話であって、人間の「意志（ヴォロンテ）」によるものではないからと。この点は、前章で見たように、ホッブズはあえて無視する区別です。そもそも人間は、経路依存性の中で選ばされる存在にすぎないのであるとホッブズはしました。しかし、ルソーは正当化可能性という観点から両者を区別するわけです。

グロチウスは、個人が自分を奴隷とする契約ができるという前提の上に、人民が支配者と服従契約、つまり自分たちの自由を譲渡して服従することができるとしているが、ルソーは、そんな契約も正当化できず、無効だと言っています。ことのついでに、そもそもある世代が契約をしたとしても、次の世代にはその効力は及ばないなどとも言っていますが。これは彼自身の社会契約論にもブーメラン効果ではね返ってきてしまう可能性があります。

戦争について

グロチウスは、戦争の捕虜も奴隷にできるとしましたが、これについてもルソーは、戦争での勝利は事実上のことにすぎず、権利を生まないと言っています。ホッブズの議論を振り返ると、「獲得」による国家では、征服そのものが権利を生むわけではないものの、被征服者は命乞いしたのだから、自由に従属を選んだのだとされていました。ルソーの立場はグロチウスと違いますが、ホッブズとも異なります。

その上でルソーは戦争についてこう言っています。

戦争を起こすのは、物と物との関係であって、人と人との関係ではない。

（邦訳　二一頁）

これはどういうことなのか。どうやら戦争とは国家と国家の関係、つまり国家という法人相互の関係であって、個々の人間はそれに巻き込まれているにすぎないということのようです。兵士は戦争に主体的に関わっているわけではなくて、国家の道具となって動いているだけであると。

関連して、宣戦布告とは、相手国の臣民に対する警告だとも言っています。相手国に対するものではなくて、相手国の臣民への警告。つまり、「今からA国とB国が戦争をやるから、あなた方は危ないから巻き込まれない方がいい」と告げることだと言っている。

確かに、総力戦以前の戦争概念は、ある程度そういうもの、つまり一般の民衆とは無縁なところで行われるものとされていたわけです。しかし、総力戦の開始以後、戦争は国民同士の争いであると我々も思わされてしまっている。これに対し、戦争の目的は他国の破壊なので、兵士は武器を捨てたらその国の道具でなくなるわけで、彼を殺すことは誰にもできないし、構成員を一人も殺さずに国家を殺すこともできるとまでルソーは書いています。

こうしたすべては、征服による従属から秩序が生まれるというグロチウスの議論に反駁するために言われているわけですが、この話が、後で見るような、共和国を防衛する市民の義務を説くルソー自身の議論とはたして整合的なのかどうかは、疑問の残るところです。戦争の問題については後述します。

社会契約について

ところで、ホッブズを読んだ時に確認しましたが、グロチウスは二重契約説を採用していました。まず人々が相互に結合して人民を形成し、次に人民が統治契約によって特定の人に従属するとしていますが、ルソーはこれを否定します。

ではどのように契約するのか。自然状態で、各人が自己保存を図る上での障碍の方が自然状態に留まる利益よりも大きくなった時、みんなが力を合わせるということ、そして、皆が集まって力を合わせ、その力を一つの方向に、共同の活動のために向けることであると。自然状態ではセキュリティが低いから自然状態から離脱する。その限りではホッブズと同じです。しかし、その先は違うと、少なくともルソー自身は考えていたと思います。

社会契約における結びつき（アソシアシオン）の仕方について、ルソーはこうまとめています。

各構成員の身体と財産とを、共同の力のすべてを挙げて防衛し保護する結社形態を発見すること。そして、この結社形態は、それを通して各人がすべての人と結びつきながら、しかも自分自身にしか服従せず、以前と同じように自由なままでいられる形態であること。（同二七頁）

つまり、セキュリティを獲得するために自由を投げ出す、のではなくて、自由を維持したままセキュリティも得られるとするのです。

そこではすべての人々が自らのドロワを共同体全体に譲渡するというのですが、この場合のドロワは、これはさすがに法とは呼べません。各人が元々持つ権利を共同体全体に渡す。その際、全員一致が大事である。全員一致でなければ、そこに対立関係が発生してきて、自然状態に逆戻りしかねないので。このあたりまではホッブズに近いですが、ホッブズの権威づけのような話とは違いがある。支配者と各人との関係という話ではなくて、個人が共同体の部分になるわけです。それにより、各人は「分割不可能な全体の部分」になるとされます。

しかし、その際、何の損失もないとなぜ言えるのか。ルソーの説明は、「すべての人にとって条件は等しい」からです。各人は自分のドロワを渡すが、他人からドロワを同じだけ受け取るから損はない。つまり、対称的であると。よくわからない理屈ですが、みんなで出資し合って運用する協同組合のようなイメージでしょうか。生協で共同購入すれば、個人購入よりも安く買えてお得であると。しかし、そういう話と、国家を作る社会契約とは同じなのでしょうか。

共同体の一部となった個人が、なぜ以前と同じく自由なのかということは、もっとよくわからない。共同体の一部になってしまって、何が自由なのか。これについては、これから少し詳しく見ていくことにしましょう。あらかじめ指摘しておけば、ルソーは自由そのものを追求するよりも、自由の前提条件としてのセキュリティの確保に関心を持っていたと言えます。

共同体と個人との関係

社会契約の結果としてできる共同体と個人との関係をめぐって、ルソーは次のようにまとめているのですが、これは非常に重要な整理です。まず、この共同体は一つの集合的な団体であること。先ほどの話との関係でいえば、あくまで「物」であると。その受動的な側面は「国家（エタ）」と呼ばれ、能動的な側面は「主権者（スヴラン）」と呼ばれる。構成員は、全体としては「人民（プープル）」であるが、主権者としては「市民（シトワイヤン）」であり、被治者としては「臣民（シュジェ）」である、云々。

つまり、共同体を作った時に、権力の主体という面と客体という面の両方が出てくることを強く意識しています。自分たちが自分たちに権力を及ぼすので、命じるという能動的な側面と、命令を受け取る受動的な側面の両方がある、ということです。ここは、ルソーの一番オリジナルなところというか、彼が深く考え抜いたところではないかと思います。人民主権論というものの本質的な含意がここで明らかになっていますし、それは現在の我々の問題にまでつながっている。この二重性の意識は重要です。

そして、権力の主体としての市民であることとの関係で、「一般意志」というものが出てくるわけです。この言葉自体はルソーのオリジナルではありませんが、ルソーはこれを彫琢《ちょうたく》する。個々人はそれぞれの都合としての「特殊意志」、これは自己愛とも呼ばれますが、そういうものを実現しようとする。しかし、勝手なことを各人が主張していれば、セキュリティが得られないので、共同体全体にとって必要なこととしての「一般意志」に関して一致することが必要となる。問題は、それに従いたくない人がいたらどうするのか。まさに、自由とセキュリティの関係の問題です。

自由への強制

これについてルソーは何と、一般意志への服従は、共同体全体によって強制される、とする。さらに恐ろしいことに、これは「自由への強制」にすぎない、と言うのです。ルソー没後のフランス革命で成立した共和国では、ヘゲモニー、すなわち実権を握った党派に反対する人々が、「人民の敵」として次々にギロチンにかけられたこともあり、どうしてもそういう国家テロリズム的なものと「自由への強制」は結びついてしまいます。

後に読むアイザイア・バーリンの「二つの自由概念」で、消極的自由の概念と積極的自由の概念が対比される際、ルソーの自由論は「積極的」な方の典型例の一つとされています。ルソーは、人間の自由は社会契約の前後で変化し、自然的な自由から社会的・政治的な自由になると述べています。自然状態では、人間は自然的自由を享受して、一見、自由のようだが、それは見方を変えれば欲望の奴隷になっているのだ。つまり、自由どころか、むしろ従属状態にある。それが、社会状態に入ると、欲望から解放されて、理性的な存在になることができる。それこそが真の意味で自由な状態であると。

バーリンによると、こうしたルソーのような自由の「積極的」な概念が、いろいろな革命を支える思想となり、非常に不寛容な事態をもたらしたとしています。もっとも、バーリンは、「消極的」な自由概念を基本としつつも、「積極的」な方も否定することはできないとしていますが。

このあたりについてはまたバーリンを読む際にも論じたいと思いますが、そもそもルソーは、どういうつもりで、共同体全体の「一般意志」の押しつけが人を自由にする、などと考えているのか。この点で彼は、祖国、共同体の中にいることで個人は「私的依存（デパンダンス・ペルソネール）」から守られるのだ、という言い方をしています。誰かが貧しいからといってある特定の人からお金を借りたら、その特定の人に依存することになるだろうし、誰かの庇護《ひご》を受ければその人に従属することになる。他方で、共同体、国家によって保障されればそういう恐れはなくなる、ということを言っているようです。

自由と依存とを対立させる、こうした考え方は、ヨーロッパの自由の概念史の底流には確かにあるでしょう。自由な人というのは自分のお金で生活できる人で、他の人の庇護の下に入るとか、他の人に従属して暮らしているのは自由ではないと。すなわち、主に経済的・社会的自立を自由と見なす考え方です。古代ギリシアでの自由の定義も、奴隷などの従属的な身分・立場ではない、ということでしたから、非常に古い伝統のある考え方です。

そうした発想からすると、特定の個人に依存することは自由を奪うが、自分をも含む共同体に依存することは自由を奪わない、ということになる可能性があります。これも、ある種、協同組合的に共同体を捉えているのかもしれません。

マイケル・イグナティエフというカナダの政治学者が、『ニーズ・オブ・ストレンジャーズ』（一九八四年）という本を書きました。「見知らぬ人々のニーズ」。例えば、もしも福祉受給者が近隣の金持ちから直接金を受け取るようなシステムであったら、受給者は屈辱を感じてしまう。ところが、国家というものが間に入って、国家が金持ちから税金を徴収し、それを受給者に渡すのであれば、受給者が特定の金持ちに対して屈辱を感じたり、依存したりすることはなくなる。このような議論でイグナティエフは、自由主義的な国家批判論に対抗しようとしているのですが、ルソーも、同じようなことを考えていたのかもしれません。今日の文脈に当てはめれば、福祉国家のようなものは誰のためにもなるので一般意志に基づく。福祉国家の実現に協力したくないと脱税するような人からは強制的に徴収するが、それは彼をも自由にすることなのである、と。

第一章でミルを読んだ時にも指摘しましたが、今日の自由論の多くが、人々の自由を可能にするような条件として、貧困の除去を考えています。そうした文脈で考えれば、「自由への強制」も、そこまでおどろおどろしいものではないのかもしれません。

しかし、他方で、フランス革命に続く時期のフランスの思想家トクヴィルのように、人々が「諸条件の平等」すなわち生活水準などの平等を求めるあまり、生活保障を行う政府の権力に依存してしまうことを「柔和な専制」と批判した人もいます。私としては、共同体の命令は自由を奪わないと断言するルソーの議論には、やはり留保をつけたいと思います。依存からの解放は自由の前提条件の整備であるとしても、それ自体はセキュリティの確保であり自由の確保とは別の問題です。また、前提条件としてのセキュリティの重要性を強調しすぎると、権力の集中を招き、かえって自由の契機は失われかねないからです。

政府について

ここまで見てきたように、ルソーは「一般意志」による統一を構想します。先ほど確認した通り、共同体は「主権者」としての側面を持つ。この主権は譲渡できないし、それ自体によってしか代表され得ないとしています。となると、ルソーの議論では、代表制は否定されているように見えます。「人民」が政治を全部担うように見えます。古代ギリシアのような直接デモクラシーのモデルです。ところが、実際にはそうは論じられていない。

統治を担うシェフという存在が出てくるのです。レストランのシェフと同じで、トップの人です。普通は首長と翻訳されていますが、統治権力を担う存在です。統治者（プランス）などという言い方もされます。この人の命令は、人民が出てきて明示的に否定されるまでは、一般意志として通用すると言っている。ということは、ルソーは一般意志のレベル、つまり非常に抽象度の高い規範のレベルでは、厳密に人民主権を貫こうとしている半面、具体的な統治のレベルでは、間接的なやり方を相当に認めている。それが、政府の存在ということです。決して人民が直接統治するとか、そういう話ではない。

そのあたりを規範との関係で彼がどう整理しているかというと、人民全体の意志に基づくのが法（ロワ）です。しかし、それより下位の規範は命令（デクレ）などとされます。法というのは我々のシステムでいえば憲法や基本法に当たる非常に抽象的な規範であり、これは人民全体により人民集会で決定されるのですが、それより具体的なことは、つまり政策の決定・実施は、ルソーにおいても政府に任されているわけです。

法（ロワ）が我々の考える法に当たると見なすなら、これは、立法権の領域と行政権の領域の分離という話になりますし、そういう具合にルソーは読まれてきたようです。しかし、ルソーの考える法とは、定期的とはいえ滅多に開催されない人民集会の時に制定・確認されるものにすぎません。少なくとも、古代ギリシアのアテネなどのように、頻繁にみんなで集まって、直接民主制的に決定するという話とは全く違います。

一般意志について

次にルソーは、一般意志は誤り得るかという問いを立てた上で、一般意志は常に正しいが、人民の政治的決定は正しいとは限らない。人民は何が正しいかわかっているとは限らないということを言っています。ここのところは、今述べたところとの関連で考えるとわかりやすいように思います。非常に抽象的なレベルでは、つまり「総論」は共有できるとしても「各論」が共有できるとは限らない、ということを言っているのではないか。

ルソーは、どのように一般意志が導き出されるかについては、次のように書いています。

全体意志と一般意志とのあいだには、しばしばかなり相違がある。後者は共同の利益だけを考慮する。前者は私的な利益にかかわるものであり、特殊意志の総和にすぎない。しかし、これらの特殊意志から、〔一般意志との距離である〕過不足分を相殺させて引き去ると、差の総計が残るが、これが一般意志である。（同四六頁）

「特殊意志（自己愛）」を単に集計した「全体意志」と、共同体全体のための「一般意志」は違うと言っているのに、他方で、個々の意志を集めてくると、超過分と不足分が相殺して一般意志になる、という奇妙な話をしているわけです。しかも、その際に、人々がコミュニケーションをしてはいけない、とルソーはつけ加えています。近年の政治学の主流である熟議デモクラシー論などとは非常に違っています。みんなでよく考え、話し合うことで、より良い合意に到達できる、という話とは。

まず言えるのは、ルソーが、この本でも、他の本でも、しばしば怪しい数学を弄ぶ人であったという点です。超過分と不足分が相殺という計算はよくわかりませんが、同時代の思想家ニコラ・ド・コンドルセのいわゆる「コンドルセの定理」のようなことを想定しているのかもしれません。コンドルセは、ある集団の知的水準が、コインを投げる場合の二分の一の確率よりは高い確率で正解に達し得るものであるとすれば、投票に参加する人数が増えるほど、単純多数決で正解に達する確率は高まるとしました。

ルソーも同様に、統計学の基礎としての「大数の法則」、つまり数多く反復されるほど、結果が真の確率に近づくということをふまえて、人々の知的水準が酷《ひど》くないとすれば、無作為抽出のような統計的な条件を整えることで、意志表明の結果が正しいものになると考えたのではないでしょうか。統計的な条件を整えずに単に集計した場合、つまり全体意志の場合とは、その結果は異なると。確かに、きちんとした世論調査の結果と、ネット上での投票結果などとは違います。なぜ相互にコミュニケーションしてはいけないかということも、話し合うと、人々の考えがいくつかの塊に収斂《しゅうれん》してしまい、結果的にサンプル数が減る形になって、統計としての精度が低くなるというルソーなりの統計論に基づいているのでしょう。

なお、これとの関連で、現代日本の哲学者の東浩紀《あずまひろき》が『一般意志2・0 ルソー、フロイト、グーグル』（講談社文庫、二〇一五年）という本で、ビッグ・データのようなものを集めてくれれば、おのずからそこに人民の意志は現れる、と論じました。最近も同様の議論が出ています。

しかしながら、ルソーも含めて、素のままの多数派の意志を普遍化するのに躊躇《ちゅうちょ》しない議論に対しては、私は改めて、第一章で読んだミルの議論を参照したいと思います。少数意見こそ正しいかもしれず、あるいは、少なくとも少数意見にも真理の一端が現れているかもしれないというミルの洞察をです。

国家のための死

ところで、共同体の安全保障について、ルソーはどう考えたのか。彼は、社会契約によって作った国家の防衛のためには、構成員は死ぬ覚悟をすべきだと言っています。

統治者《プランス》が市民に向かって、「おまえの死ぬことが国家に役立つのだ」と言うとき、市民は死ななければならない。なぜなら、この条件においてのみ、彼はそれまで安全に暮らしてきたのであり、また、彼の生命はもはやたんなる自然の恵みではなく、国家からの条件つきの贈物だからである。（同五五頁）

このあたり、前回読んだホッブズとは違う議論をしています。ホッブズの場合には、各個人は自己保存のために信約で国家を作るわけなので、自分が戦争で死ななければならないというのは、一種の背理である。死刑に処せられることも同様である。だから、逃げられるものなら逃げてもいい、とされます。これに対してルソーは、共同体がセキュリティを供給してきたことが、個々人に義務を発生させると言っています。

こうした議論を見ると、ホッブズの議論が内乱という極限状況を背景に成立したことの意味を思わずにはいられません。そのためにセキュリティの必要性が強く意識される一方で、生死は究極的には一人一人の問題であり、個人にとってのセキュリティの問題が非常に重いので、国家のセキュリティという重要課題がせり出してきても、個人のセキュリティ要求を完全に飲み込むまでには至らなかったのでしょう。これに対して、ルソーは共同体のために個人が死ぬということについて、もう少し抽象的に、あるいは古典の読書を通じてロマン主義的に考えていたのかもしれません。彼の没後のフランス革命期に、まさに「人民の敵」と名指しされた人々が次々にギロチンにかけられることになるとは知らずに。

政治体制について

これまで見てきたように、ルソーの議論では、人民が主権を有するものの、実際の統治を行うのは政府です。そして、政府を担う人々の数によって、政治体制は定義できるとする。これについては、古代ギリシア以来、政治学の歴史の中で継承されてきた政体論をそのまま継承しています。

一人が担うと君主政、少数者が担うのが貴族政、そして、多数者が担うのが民主政です。民主政では、人民は一般意志を示すべき主権者であり、一般意志に従うべき臣民であり、しかも一般意志に沿って統治を行う政府でもある、という三重の役割を担うことになる。それはいくら何でも大変であり、うまくいかないであろうというのが、ルソーの民主政に対する低評価の理由になっています。神のような人民でなければできないこと、つまり、事実上無理なこととしています。

ルソーが人民主権論で人民に大きな役割を期待しつつ、その一方で民主政治を困難としているのは一見したところ矛盾していますが、彼の頭の中では別に矛盾はないわけです。主権者と政府はレベルが違うものとされているので。

我々の政治体制との関係はどうなるか。我々は選挙を通じた代表制のデモクラシー、議会制デモクラシーをデモクラシーだということにしていますが、これは古代ギリシア的な原型とは非常に違います。後で読むカール・シュミットが強調したように、元来はデモクラシーとは縁もゆかりもない、王と貴族との交渉の場であった身分制議会の制度を国民代表の集まりとしての国民議会に転用し、間接的に国民が決定しているとと見なしているものです。その意味では、代表民主政には貴族政的な要素があります。ルソーは選挙で選ぶ体制は統治にふさわしい人を能力に照らして選んでいるのだからエリート支配であり、貴族政であると言っています。貴族政では、主権者と統治を担う人が分かれているので、民主政よりはうまくいくと。確かに、考えてみると、我々の政治体制は、民主政と貴族政の中間形態というか混合政体のようなものと考えることもできます。

そこで問題になるのは、次の部分です。

イギリス人民は、自分たちは自由だと思っているが、それは大間違いである。彼らが自由なのは、議員を選挙するあいだだけのことで、議員が選ばれてしまうと、彼らは奴隷となり、何ものでもなくなる。（同一四四頁）

これは、イギリスで発達した代表民主政を根本的に批判しているように見える部分ですし、実際、そのように読まれてきました。しかし、この一節は、主権は代表され得ないということを論じる文脈で出てきます。ルソーからすれば、イギリスの議会は、選挙後はまるで主権者のようにふるまう。それは、主権者と政府との分離という彼の原則からして許されない、ということでしょう。そう考えると、ここにも必ずしも矛盾はないことになります。

このように、ルソーの考えている体制は、我々の、立憲主義的な代表民主政と近い面がありますが、もちろん、違う点もあります。それが、人民集会の存在です。これは招集手続き不要の定期集会であり、全人民が集まる。これが開かれると政府の活動は停止する。そこでは、政府の形態はこのままでいいかどうか、今任せている人々に任せ続けていいかどうかといったことが確認されるわけです。それどころか、社会契約を解消し、共同体を解散するかどうかさえ決められるという。我々の体制に当てはめれば、総選挙と憲法改正会議が一挙に、直接民主政的に行われるということで、これは我々の体制とはかなり違います。ただ、例えばフランスのように頻繁に憲法改正を行っているところでは、それほど違和感がないかもしれません。

そこで次に問題となるのは、そのような定期的な全員による見直しが、秩序の崩壊につながらないのかという点です。ホッブズはセキュリティを重視するあまり、一度成立した秩序を見直すことは絶対に認めませんでしたが、ルソーの場合はどうなのか。

一般意志と少数意見

ルソーは政府の形態などを定期的に全員で見直させますが、その際に意見が割れたらどうするつもりなのか。ホッブズは、権威づけの際に意見が割れればただちに内戦につながることから、これを避けるため、少数派に対しては、多数派の意志に従うか、さもなければセキュリティの埒外《らちがい》に追い出されるか、という選択を脅迫的に迫りました。

ルソーによると、共同体を作る原初の社会契約は全員一致でなければならない。これに反対した人は、そこに留まってもいいが、ただし、市民の中の外国人という立場になるとされます。政治的権利がなく、事実上そこにいるだけの存在になる。

しかし、この原初の契約を除けば全員一致は不要であり、それ以後の人民集会での決定は、多数決でいいとルソーは述べているのです。そこでは多数決によって、一般意志が表明されたことになるとされます。ところが、ここで非常に恐ろしい論点が出てきます。

> したがって、私の意見と反対の意見が勝つ場合には、それは、私が思い違いをしていたこと、私が一般意志だと思っていたものがじつはそうではなかったということを、

証明しているにすぎない。（同一六三頁）

ホッブズのように生命の脅迫をするのも恐ろしいですが、思想に介入してくるルソーも相当に恐ろしい。政治的な問題については多様な意見があり、多数意見も少数意見もあり、便宜上、多数決で多数意見が採用されるが、それは少数意見が間違っているということではない。いずれかに決定しなければならないので決定しただけだ。これが私たちの政治体制の標準的な捉え方だと私は信じていますが、ルソーの考え方は全く違う。少数意見は誤解であり、恥ずべきものなのです。この背後には、先ほどのコンドルセの定理の件と同様に、政治的意見の多様性に関するルソー主義の問題点があると私は思います。

しかも、こういう発想は実は最近の日本でも見られます。選挙や政党政治を「答え合わせ」のように考えている。当選した人は正しかったので当選した。落選した人は恥じるべきである。多くの人が当選した与党は正しかったので与党になっている。野党は間違っていたのだから、与党の批判など偉そうにしてないで、反省しろ。信じがたい見解ですが、今の世の中にある程度、広がっている気がします。

やはり一般意志という議論は、政治的な多元主義、多様性を重視する自由主義とは相性が悪いようです。少数意見が誤解だという発想は、全員一致の状態こそを自由が実現した状態、解放された状態と見なすこととつながっています。少数派は多数派の意見に合わせることで自由になれるという、こうしたルソーの自由論には、違和感を禁じ得ません。

国教について

宗教については「レリジョン・シビル」というものが論じられており、市民宗教と訳されることが多いですが、これはやはり国教とすべきです。キリスト教が神学のシステムと政治のシステムを分離した結果、人々の忠誠心に分裂の素地が生まれた。それをふまえて、結局のところ、彼の考える共和国では、社会の統一につながりセキュリティの確保に寄与するような信仰箇条、つまり、神の存在、来世の存在、正しい者の幸福、悪人への懲罰、それから、社会契約と法（ロワ）の神聖性だけを信じさせ、信じないものは追放する。宗教は国家秩序、法秩序の邪魔をしないように、あくまでその安定性の基礎としてのみ存在を許すということで、その限りではホッブズのエラストゥス主義とも、そう遠くないでしょう。

実際には、この後、フランス革命を経て第三共和政の時期に、フランスには強力な「政教分離（ライシテ）」が導入されますが、これは主として、宗教が公共空間に影響を及ぼすことを防ぐという内容のものです。政治の場はもちろん、学校なども含めて、共和国の構成員たる市民の公共的な活動、つまりルソー的にいえば一般意志の形成に関わる部分からは宗教を排除し、宗教はもっぱら私的領域に閉じ込める。こうした発想の下に、現代のフランスでも、政治と宗教を密接なものと考えるイスラム教に対して批判的な対応がなされ、それが逆に一部のイスラム教徒によるテロを誘発している面もあります。

宗教と社会との関係をめぐっては、日本でも最近、生活が成り立たないほど多額の寄付を信者から集めてきた宗教団体が問題になりました。その団体の信者の子弟である青年が、この団体の広告塔を務めたと彼が見なした安倍元首相を暗殺したのがきっかけです。この団体の宗教法人格を取り消すかどうかが検討対象となり、「反社会的」とされる宗教団体への社会的な批判が高まっています。

しかし、以前に見たミルのような立場からすれば、破産するほどの寄付をすることが社会的に見て理解の範囲を越えるとしても、一種の「愚行権」として容認されるべきだということになるでしょう。そのくらい強く自由を保障しないと、多くの宗教が「邪教」として弾圧されかねないと。もっとも、宗教のあり方は信者個人だけの問題に留まらず、その子弟の生活や教育環境が破壊されるなどの問題も伴う場合があるので、簡単には言えませんが。また、その団体を含めて、宗教団体が特定政党の有力な票田となり、過度の政治的影響力を及ぼしていることも批判されていますし、政権と密着することで政治的影響力を「裏口」から行使しているとすれば、問題でしょう。

しかし、政教分離原則は、宗教を背景とする政党の政治参加そのものを否定するものではありません。もしそう考えるなら、アメリカの共和党右派などは、政党政治の場から排除されなければならなくなります。むしろ、そうした団体の影響が過度にならないためには、それ以外の政治勢力の一層の参加によって、影響力をいわば「相対化」することが必要なのではないでしょうか。

戦争法について

「社会契約論」についてはここまでとして、「戦争法原理」に簡単にふれておきましょう。これはルソーの遺稿で、「社会契約論」の第一草稿とほぼ同じころに書かれたと考えられています。比較的最近になって一つの論考として、未完ながら復元されたものです。

冒頭、戦争がもたらす惨禍へのルソーの怒りが表明されています。

顔をあげて、遠くを見つめてみる。松明《たいまつ》の炎、人のいない田園、略奪された村が見える。残忍な人たちよ、この不運な人たちをどこへ連れていこうというのか。

（邦訳　一九二頁）

ウクライナから伝えられる惨状、戦地から誘拐された子どもたちのことなどを、私たちは思わざるを得ません。ルソーはこうした怒りに基づいて、戦争の原因を解明しようとします。

ルソーはまず、社会契約をして国家を作ると、その内部では法（ロワ）が支配するが、国家対国家の関係は自然的自由のままだ、と整理します。つまり、国際関係は法の外にあり、それを規制する万民法（国際法）は無力であるとするのです。

国内関係と国際関係の違いについてのこうした整理はホッブズとも共通しますが、この先でルソーは、ホッブズの戦争状態としての自然状態論を鋭く批判します。ホッブズは、自然状態は戦争状態であり万人の万人に対する戦争であるとしましたが、ルソーは戦争と戦争状態は異なるとするのです。戦争状態というのは、国家間に対立関係はあるものの、実際の攻撃としての戦争にまでは至っていない状態であると。そもそもルソーによれば、自然状態での人間はホッブズが描写するような好戦的な存在ではなく、臆病で、できるだけ争いを避ける存在でした。

こうしたルソーの戦争と戦争状態とを区別する議論は、国家と国家の間に対立要因があれば、もはや戦争は始まったようなものだという、昨今よく見かけられるような議論を相対化する手がかりになり得ます。冷戦というものが何だったのか、あるいは、ウクライナ戦争はいつ始まったのか、などの問題を考える上でも、意味がありそうです。

ルソーによれば、個々の人間は本来は好戦的ではないのに、国家を作って社会状態に入った結果、いわば国家の論理によって、戦争に巻き込まれてしまう。というのは国家というものは人間と違って、その規模や保有する富の大きさに際限がないので、勢力争いを限度なく続けていくことになるからです。国家同士は、相手を吸収するか吸収されるかの関係になるため、戦争が絶えなくなるとします。

それでは、戦争によって相手の国を倒すにはどうするか。社会契約が鍵となります。

政治体の生命の原理、そういってよければ、国家の心臓となるものは、社会契約である。したがって、この契約が傷つけられるや、国家は、死に、倒れ、解体してしまう。（中略）最初から全体を分割することはできないので、一部分に攻撃がしかけられることになる。（中略）こうして、政府、法律、習俗、富、所有物、人間たちに攻撃が加えられる。

（同二一一頁）

社会契約を壊すために、相手の政府や法（ロワ）、つまり憲法的なものを攻撃する。要するに、現代の言葉でいえば、「レジーム・チェンジ（体制転換）」が主要な戦争目的だと言っているわけです。これは、先ほど見た、「社会契約論」での、戦争は「物と物との関係」だ、という議論とつながっています。

ルソーはここで、戦争は一瞬で終わり得る、とも言っています。社会契約を放棄してしまえば、相手の戦争目的が実現するからです。

憲法学者の長谷部恭男《やすお》は、このルソーの「戦争法原理」を引きながら、憲法原理の違いが戦争につながるという議論をしています（『憲法の理性』東京大学出版会、二〇〇六年）。例えば自由主義的な憲法原理の国と、自由主義的でない憲法原理の国との間で、戦争が起こりやすいという文脈で。確かにルソーも、古代ギリシアで戦争が続いたのは「もっとも確実に自国に従属するように敗戦国の統治形態を変えようとしたから」(同二二二頁)であるとしていますし、我々にとって最もわかりやすいのは、第二次世界大戦後の日本の経験です。

ただ、例えばフォークランド戦争で当事国の憲法が変わったわけではないので、すべての戦争が社会契約の破壊につながるわけではないし、それを目指すものとも言えないでしょう。あらゆる戦争が、社会契約の破壊、すなわち相手国の憲法の改正に至るまで終わらないと考える必要もないと思います。

むしろルソーの議論で重要なのは、戦争を人民と人民の対立関係と見ない、という点です。共同体の防衛のためには死ぬ覚悟をせよ、という「社会契約論」での彼の議論とは必ずしも整合的ではありませんが、戦争は所詮は「物と物との関係」、法人同士の争いなのだから、人民が第一義的に関わる問題ではないという議論です。これは、フランス革命以後の世界を覆っている国民間の戦争という観念、特に二〇世紀以後の総力戦という観念、文字通り国民が最後の一人まで戦い続けなければならない、という戦争観を相対化する上で、大きな意味があると思います。社会契約を解消すれば、戦争も終わるのです。

今、我々の目の前で展開されている戦争についてはどう考えるべきなのでしょうか。ウクライナ戦争で多くの犠牲者が出続けていることには胸が痛みますが、ウクライナの人々に対して、抵抗を諦めて戦争を終わらせるべきだなどと説くことは、ロシアによる侵略の追認につながりかねないので、妥当ではないでしょう。侵略された彼らに、第三者である我々がそうした決断を求めることはできません。むしろ、ルソーの議論を参照すべきなのは、ロシアの人々ではないでしょうか。独裁的な政治家の妄執によって正当化困難な戦争に駆り出され、多くの戦没者を出しつつある人々です。

本章ではルソーを読んできて、セキュリティを実現する目的で多様性を抑圧し、共同体に個人が埋没することを自由と見なす彼の議論が、自由の実現という観点からは、多くの問題をはらむものであることが確認できました。しかし、同時に、主権のレベルと統治のレベルを区別し、さらに主権の単位としての国家ですら、その解散を少なくとも理論的には想定する彼の現実主義には、今、改めて参照すべき点があるように思います。

二〇二二年七月二七日

第四章　バーリン「二つの自由概念」他を読む

『自由論』（生松《いきまつ》敬三他訳）みすず書房〔「二つの自由概念」収録〕
『ロシア・インテリゲンツィヤの誕生　他五篇』（桑野隆編、河合秀和他訳）岩波文庫

アイザイア・バーリン（Isaiah Berlin　一九〇九―九七年）はラトヴィア出身のイギリスの思想史家。本章で論じる「二つの自由概念」（オクスフォード大学教授就任講演、一九五八年）は、現代における自由論の古典。他に『カール・マルクス』、『ヴィーコとヘルダー』などがある。

この章からは二〇世紀のテキストに入ります。まずはアイザイア・バーリンですが、この人は当時ロシア帝国領であったバルト三国のラトヴィアの、ユダヤ系の家系に生まれて、第一次世界大戦のドイツによる侵攻とロシア革命の混乱の中で、イギリスに亡命します。ヨーロッパの政治思想全般について論じましたが、特にロシアの自由主義思想を英語圏に紹介しました。「二つの自由概念」はオクスフォード大学教授に就任した時の記念講演（一九五八年）で、その後、現代を代表する自由論として広く読まれてきました。まずそれを取り上げ、その後で、彼のロシア論を瞥見《べっけん》することにしましょう。彼の議論は、今簡単にふれたような彼の背景、つまりマイノリティであることや、ヨーロッパの辺境と位置づけられがちのロシアへの視座と切り離すことができないと思います。

ところで、この「二つの自由概念」を改めて読んで思いましたが、かなり複雑なテキストであり、二面的というか、両義的なことを言っている。二つの自由観を単に比較して、どちらが正しいとか、そういう単純なことを言っているわけではありません。そうした複雑さ自体が、自由について語ることの難しさを示しているようにも思えるのです。

消極的自由

まずバーリンは最初のところで、人生の目的は一つに集約されるものでなく複数あるという、多元主義の立場を鮮明にしています。究極目的について、すべての人々が一致することはない、ということです。これがルソーなどとは異なる、彼の基本的な立場となります。

その上で、自由についての二つの考え方を論じていくのですが、ごく簡単にいえば、消極的な自由の概念とは、他者によって制約を受けないで自らの欲求を追求できることを、自由と見なす考え方です。これに対して積極的な自由の概念とは、自由とは単なる欲求の追求可能性などではないとし、むしろ欲求から「解放」されて高次の人格を持つ存在になることを、自由と見なす考え方です。

これについてバーリンは、別の説明の仕方として、消極的自由というのは、どこまでの範囲なら個人が行動の選択を許されるのかという、その範囲に関わるものであり、他方で積極的自由とは、ある個人がなぜ「あれ」でなく「これ」をするのかを決定する根拠に関わるものだとしています。ここにすでに、この二つの自由観念が、同一平面上にあるものではないことが示されています。あえて図式的にいえば、個人に許される範囲と社会によって統制される範囲との境界線に関わるのが消極的自由であり、そこでは個人の内面は問題になりません。こうした問題設定は、前に見たミルと同じです。他方で、積極的自由はまさにその個人の内面で起きていることを問題にしているわけです。後で述べるように、だからこそ積極的自由に関して、ルソーですでに見たような「自由への強制」が発生することになります。

消極的自由を一言でいえば、それは「強制の欠如」であり、これはホッブズが典型的に示したことであるとバーリンも言っています。

バーリンが強調するのは、この消極的自由は能力とは無関係だということです。

わたくしは空中に10フィート以上飛び上がることはできないとか、盲目だからものを読むことができないとか、あるいはヘーゲルの晦渋な文章を理解することができないとかいう場合に、わたくしがその程度にまで隷従させられているとか強制されているとかいうのは的はずれであろう。

（邦訳　三〇四―三〇五頁）

能力がないとか条件が整っていないために、何かができないということは、自由の侵害とは見なされない。あくまでも、他人による故意の干渉だけを問題にする。したがって制度的に何かができないといったことも、自由の問題にはならないとしています。しかし、引用した箇所についても、身体・精神の障がいによってアクセシビリティが制限されることは、今日の状況では、自由の制限とされる余地があると思います。経済的事情による制約も同様です。この点で、バーリンの自由の定義は明らかに狭いです。

このあたりのバーリンの消極的自由論は、オーストリアの社会哲学者・経済学者フリードリヒ・ハイエクの議論などとある程度似ています。ハイエクも、誰かが故意に止める、妨害することが自由の侵害であるとしていて、とりわけ強力なのは政府なので、政府による統制が自由の侵害の最たるものだという立場です。こうしたハイエクからの流れで、現代ではいわゆる「新自由主義（ネオ・リベラリズム）」なども出てくるわけです。

これと対立するものとしては、マルクス主義以外にも、イギリスで二〇世紀の初頭に出てきたニュー・リベラリズムというものがあるのですが、これは、哲学者のトマス・ヒル・グリーンなどの影響で、人間が自由な主体になるためには、つまり自律的に選択できるようになるためには、政府による援助などが必要であるとする立場です。こうした系譜や、広い意味で社会民主主義的な立場からしても、バーリンの消極的自由論は批判の対象でしょう。一種の「強者の論理」であり、社会的弱者にとっての自由の条件を無視していると。そして、自由とセキュリティの内在的なつながりを無視しているとも。

これに対しバーリンは、自由の問題と平等の問題は別である、と明確に語っています。その背景には、彼が若いころ、言語哲学という哲学潮流に関わり、概念を厳密に扱うことで哲学的な混乱の多くから解放されると考えていたこともあると思います。

実はバーリンも、このあたりの問題の複雑さは意識していたようです。彼は、この文章の中で金持ちのオクスフォードの学寮長と貧乏なエジプトの農民とを対比しています。オクスフォードの学者が、そんなに金持ちというのがよくわからないですし、オクスフォードの教授・学寮長となったバーリンの場合には奥さんが特に金持ちであっただけなのですが。それはともかく、社会的に恵まれていて、政治的意識が高い人々は、自由を求める。しかし、かつかつの生活をしている人は自由など求めることはできない。そんなものより前に求めるものがある、と言っており、これはセキュリティについての言及です。

しかも、ロシアの文筆家もそう言っているとしており、後で読むロシアの知識人についての彼の議論に照らすと、知識人たちが自由の大切さをいくら論じても、貧しい農民たちは全くついてこない、というわけです。

ここで思い出されるのは、戦前の日本でのインテリの孤立。例えば、作家の中野重治の「村の家」（初出：一九三五年）です。これは、マルクス主義者の挫折・転向についての自伝的な小説ですが、当時の地方の人口の多くを占める農民たちの苦境と、自由に発想しようとする知識人らの思想との対立が描写されています。

自由と啓蒙

関連してバーリンのミル理解についてですが、一方でミルを消極的自由論の代表的な人物としつつも、言論・思想の自由へのミルのこだわりは、単純に自由の話ではない、ということが述べられています。認識発展としての人類の進歩という啓蒙主義的な前提がミルにはあって、それには観念の自由市場が必要であるとされた。そうしたいわば知識人の思想の自由としての自由論だったということが確認されています。近年、東ヨーロッパなどで、あるいは日本でも、学術的なアカデミーの自律性に対して政府が介入する例が見られますが、こうしたことはミルのような立場からは、学術の健全な発展を阻害するものとして批判されることになるでしょう。

ただし、ミルの場合には、認識発展としての啓蒙を実現するために自由が必要だという意味で、自由を手段化しているところがあるので、例えば一八世紀にヨーロッパの一部で出現した啓蒙専制などに関しては、つまり知識人の自由な活動を専制君主が保障するようなことについては、批判的ではありませんでした。この問題は、さらに厄介なことに、植民地主義への評価と連動する可能性があります。例えば香港《ホンコン》はイギリスの統治下の方が、中国の一部として返還された現在よりも、多くの点で自由であった可能性がありますが、これをどう評価するか、ということです。この問題については、「積極的自由」のところで考えることにしましょう。

生活様式としての自由

ところで、実はバーリンの消極的自由の概念は、後に大きく修正されています。元々の講演での原型は、すでに述べたように、強制の欠如という定義でしたが、長い註をつけて、これを変えました。

そこではまず、単に自ら選択をしたというだけで自由だろうか、という問いが掲げられています。

ある全体主義国で拷問の脅迫を受けて友人を裏切った場合、それは自由な選択なのか。拷問や殺されることを選ぶこともできたのだから自分が選択したとも言えるが、それは「言葉の正常な意味において」自由な選択とは言えないのではないだろうか、と言うのです。これはまさに、以前に見たホッブズの自由概念と関わる点ですが、ここでバーリンは、命乞いを自由と見なすホッブズのような自由概念ではさすがにまずいという判断をしているわけです。ただし、ホッブズの名前には言及していません。

その上で、自由の程度は、以下の諸点で決まるとしています（要旨）。

（a）どれだけ多くの可能性が私に対して開かれているか
（b）それらの可能性の現実化がどれほど容易であるか、困難であるか
（c）私の人生設計におけるそれらの可能性の重要性
（d）人間の行為により、それらの可能性がどれほど閉じられるか、開かれるか
（e）社会の一般感情が、それらの可能性をどう評価するか

これらを総合的に判断することが大事だとしており、結局、自分にとっても社会にとっ

ても有意義な行動の選択肢が、実現しやすい形で実際にあるのが自由なのだ、と言っているわけです。酷い選択肢や無意味な選択肢がいくらあっても意味がない、ということです。しかし、これは、個人に委ねられる範囲と社会が規制し得る範囲との境界線をどこに引くかの問題という、消極的自由の意味についての冒頭の説明とは違う話になっています。個人にとっての自由の領域そのものが社会的に定義されている、ということだからです。これほど重要な修正を、註を一つつけるだけで済ませる、というのは、あまり誠実な態度とは言えません。

さらに彼は、以上のような基準に基づいてそれぞれの社会の自由度を測るのは現実的には難しいという批判を予測した上で、次のような、開き直りとも見える議論をしています。

もしわれわれが正確な尺度を要求するのでなければ、今日スウェーデン国王の一般臣民は、全体としては、ルーマニア共和国の一般市民よりもかなり自由であるということに、正当な理由づけを与えることはできる。生活様式の全体が、直接に全体として、比較されなければならないのだ。

（同三一八頁）

ちなみに、ここで、あえて自由な王国と自由でない共和国、という対比をしていることは興味深いです。君主政か共和政かといった、形式的な政体論的な区別など意味がない。自由に関係があるのは、「生活様式」だというわけです。

この議論は十分に展開されてはいないのですが、バーリンの自由論を考える上で非常に重要なポイントだと私は思っています。生活様式としての自由とはどういうことか。要するに、ある国では政府を批判したりデモをしたりしても大丈夫だが、別の国では逮捕されてしまう、ということです。具体的な実践の中に、その社会が自由であるかないかが表れてくる。

それで言うと、例えば日本の皇室制度とイギリスの王室制度も、社会の生活様式としてはかなり違います。あるイギリスのテレビ・コメディで、主人公が何かをかけようと壁に釘を打ったら、釘が壁の向こう側の部屋まで抜けて、そこにかかっていた女王陛下の肖像の目のあたりをどんどん貫いていく。そういうのをテレビで平気で放送して、皆で笑っているわけです。日本でそんなことができるでしょうか。

自由な社会とは自由が現に実践されている社会であり、自由な伝統がある社会です。したがって、自由とはバーリンが当初そう考えたような個人の行動の局面で定義できるものでは実はなくて、社会的に共有されているものであると考えるしかありません。現に実践されている限りで自由があるということは、実践されなくなれば自由は消えていく、ということでもあります。例えば、数年前、日本で、政治家の街頭演説に対してヤジを飛ばした人たちが警察官によって強制的に排除された事件がありました。小さなことのようですが、こうしたことが積み重なっていけば、やがては私たちの社会の自由は失われてしまいかねないのです。

伝統と自由

私自身は、バーリンの修正された消極的自由の概念は、自由というものの本質をかなり的確に示しているものと思っていますが、このように自由と慣習・伝統を結びつけることは、理論的にさまざまなハレーションを起こします。まずは、自由主義とは一種の保守主義だという話になり得る。普通は、自由主義と保守主義とは対立するものと考えられているのに、自由の根幹が伝統にあるとするなら、そうした自由な伝統を保守することが自由主義となるからです。

自由主義と個人主義との関係も揺らいでくる。自由というものを、バーリンの当初の消極的自由論のように、個人の行動の範囲として考えるのであれば、自由の概念と個人の概念は非常に密接になります。しかし、今ここで考えているように、自由は社会的に定義され共有されるとすれば、単純にそうは言えなくなります。あえて言えば、個人を大切にするような社会的慣習・伝統を持つ社会が自由な空間なのだ、ということでしょうか。いずれにしても、自由主義と個人主義との関係についてのこれまでの図式が、ある程度、修正を迫られると思います。

さらに、自由な社会とは自由な伝統がある社会だということの一つの含意は、現に自由ではない社会を自由化することは、きわめて困難だということでもあります。自由な伝統がない社会はどうすればいいのか。人権を謳《うた》った憲法を作ればいいとか、そんな単純な話ではない。長い時間をかけて、実践を積み重ねていくしかない、という身も蓋もないことになります。これはまさに、西ヨーロッパと接触したロシアの知識人たちにとっての問題でしたし、近代日本の知識人にとっての問題でもあったわけです。すなわち、自由化とか自由主義的な改革といったものについて、安易に語ることができなくなるのです。これも、重要な論点だと思います。

積極的自由

　ところで、消極的な自由の概念には満足しない人々が唱えるもう一つの自由概念、それが積極的自由ですが、これは自分自身の主人であること、自己統御（セルフ・マスタリー）を自由の内容とする考え方とされます。自律（オートノミー）としての自由です。しかもこれは、単に外部から影響を受けないというだけではなく、自分の情念とか欲望とか、そういう低次の部分を、理性という高次な部分が統御していくことが真の自律なのだ、という考え方とされます。消極的自由論者のように、単にやりたいことをやるというのは、むしろ欲望の奴隷となっていて自由ではないと、積極的自由論者は考える。ミルが重視する「愚行権」などは、積極的自由の立場からは認められません。理性的であることが自由とされるからです。

　そして、高次元の自分というのは、民族とか国家とかいった、個人を超えた社会的な全体性（トータリティ）としばしば結びつく。民族（ネーション）などの集合的なアイデンティティを実現することが自由である、という話になっていくわけです。そうした集合的なものの実現が「解放」として、フランス革命以来、意識されます。このように、積極的自由論は、社会変革の原動力になる面があることを、バーリンは認めます。

理性が欲望を抑える方法は大きく二つあり、一つは「内なる砦《とりで》への退却」、つまり一種の引きこもりであり、欲望を極力小さくしていくことで、自己統御ができると考える。これは「自己否定」とも呼ばれる戦略であり、自分の中の低次な部分を否定していくのです。欲望を小さくするためには、イソップ寓話《ぐうわ》でいう「酸っぱいぶどう」、つまり自分が手の届かないものについては、あれは酸っぱいからはじめから要らなかったのだという自己欺《ぎ》瞞《まん》をすることもあります。

これについてバーリンは、そういう戦略は自由の領域をどんどん狭めていくことになりかねない、と批判しています。実際、ナチス政権下でも、ソ連でも、趨勢《すうせい》についていかれない知識人たちは、何とか自分の領域に閉じこもって抑圧をやり過ごそうとしましたが、バーリンはそれには批判的です。やはり何とか頑張って、厳しい状況でも実践によって現実の世界を変えていく必要がある、と。

> 禁欲的な自己否定は誠実さや精神力の一源泉ではあるかもしれないが、どうしてこれが自由の拡大と呼ばれうるのかは理解しがたい。
>
> （同三三四頁）

積極的自由を実現するもう一つの方法は、欲望を抑えるのでなく、理性を高めていくというものです。これは「自己実現」と呼ばれる戦略で、自分の中の高次とされる部分を肥大させていく。バーリンによれば、ルソーの自由論がその一例です。前の章で読んだように、ルソーは、自分のすべてを社会に譲渡することは自由を損なわない、自分のドロワ（権利）を失うけれども、それと同等のものを受け取るのだから、としていました。こうした発想から、特殊意志（自己愛）を大事にする人々への「自由への強制」も正当化されます。

とりわけルソーが人民主権論と結びつける形で積極的自由論を展開したこと、すなわち、共同体の正しい意志に従属することは個人の自由を損なわず、むしろ促進すると主張したことに対して、バーリンは批判を展開します。一九世紀の自由主義者たち、特に代表的なのはフランスの思想家バンジャマン・コンスタンですが、彼が『近代人の自由と古代人の自由』（一八二〇年）で、主権を単に君主の主権から人民主権に替えても、それは自由をもたらすものではなく隷従のあり方を変えるだけだと、主権批判の文脈で述べていることをバーリンは紹介します。

注目されるのは、バーリンがルソーだけでなく、その延長線上に、カント主義の系譜をもこうした文脈で捉えていることです。カント自身は個人を大切にしていたとしつつも、法を自己決定していれば自由は失われないというカントの「自律」論が、その弟子たちによって全体主義的方向に変形されたとします。

こうした積極的自由論は、バーリンによればいくつかの誤謬《ごびゅう》の上に成り立っています。一つ目は、万人が理性的な自己支配を目的としていると考える誤謬です。誰もが積極的な自由を求めるわけではない、ということです。二つ目は、理性的な人間の目的は一つだと考えている誤謬。これは、人々がみな仮に理性を目指すとしても、その方向性は一つには収斂しないということです。三つ目は、万人が理性的存在になれば相互の対立はなくなると考える誤謬。バーリンは、理性的な存在の間にも、対立の余地はあると考えるわけです。そして、四つ目は、万人が理性的になれば自由なまま単一の秩序に属することができるとする誤謬。これは、一般意志において一致した人々が自由な共同体を作るというルソー主義への直接の批判と考えることができるでしょう。

バーリンは、多元主義の立場から、人々にとっての価値選択が一つにはならないこと、そして一つの理念によって社会をまとめようとすれば無理が生じることを主張しています。

ちなみにこの講演は、ロシア革命の問題点を世界に強く印象づけたフルシチョフによるスターリン批判（一九五六年）の二年後に行われています。

アイデンティティの根拠

ただ、積極的自由は、一元的な権力による支配としての「専制主義」への道を開くことがあるとしても、一概に否定されるものではないともバーリンは述べています。それは、ナショナリズムとの関係からです。この講演がなされた一九五〇年代は、植民地支配からの独立が続いた時期でもありました。脱植民地化の動きが成立するには、集合的な自己統御の要求、すなわちアイデンティティ要求が不可欠です。そして、それは積極的自由の観念なしにはあり得ない面があるわけです。

植民地の支配権力が微温的で、個人の選択の自由ないし不本意でない選択肢の提供によって得られる自由を、かなり保障してくれるとすれば、消極的自由の観点からは、それでいいということになる可能性もある。しかし、積極的自由の観点からは違います。自ら統御するということは、他者に統御されることとは本質的に違うとされるからです。バーリンは、こうした点についての考察に基づいて、積極的自由というものは、決して否定しきれるものではないとするわけです。ただしバーリンは、ナショナリズム要求は、本来的には自由の問題ではなく、社会的連帯や「友愛」といった別の価値との関係で考えられるべきではないかとも述べていますが。

自由の存在論

ここで、バーリンの多元主義と彼の自由論との関係について、少し詳しく考えてみたいと思います。そこに、ある種の重要な理論的問題があると思うからです。

バーリンは、自分の議論は、究極的・最終的な解決があるとか、政治において唯一の正しい答えがあるという、そうした考え方への批判であると繰り返し述べています。一元的な解への信仰が殺戮《さつりく》の歴史に責任を負っているとさえ言って、多元主義の立場を明確にしています。

その上で彼は、自由の価値は、この多元性と関係しているという言い方をしている。つまり、究極的な価値において人々が一致するわけではない以上、個人がどの価値を選ぶか、その選択の自由それ自体が重要だ、というのです。例えばこのように。

われわれが日常的経験において遭遇する世界は、いずれもひとしく究極的であるような諸目的――そしてそのあるものを実現すれば不可避的に他のものを犠牲にせざるをえないような諸目的――の間での選択を迫られている世界である。事実、このような状況であればこそ、人間は選択の自由にひじょうに大きな価値をおいているのである。

（同三八三頁）

しかし、自由というものを多元的な価値の中からの選択に関わるものとする、このバーリンの見解は、他のところでの、自由をその他の価値と並列する見解とはうまく整合しません。例えば、ミルやコンスタンは自由という価値だけを追求しすぎているために、一般の人々から遊離していると批判する文脈で、彼はこう述べています。

人類の大多数はおそらく、たいていはそれ（自由――引用者註）を他の目的のために進んで犠牲にしてきたのである。その他の目的とは、安全、地位、繁栄、権力、徳、来世での報償であり、あるいはまた正義、平等、博愛、その他（中略）である。

（同三七二頁）

ここでは、自由という価値はその他の諸価値と並列されています。しかし、先ほどのところでは、選択の自由とは他の諸価値とはレベルを異にする、諸価値の間から選択するというメタ的なレベルの価値、すなわち他のあらゆる価値よりも上位の価値とされていました。ここに一種の概念上の混乱があります。自由とは他の諸価値と同一平面上にあるものなのか、それとも別次元にあるものなのか。しかも、バーリン自身は、この混乱を意識しているようには見えません。

ひとが、あるいは民衆が、自分の欲するままの生き方を選択する自由の程度は、他の多くの価値――おそらく平等、正義、幸福、安全、社会秩序などがもっとも顕著な例であろう――の要求との対比において考量せられねばならない。　（同三八七頁）

ここでは、価値の間の選択という意味での自由と他の諸価値とが、直接「考量」されるべきものとなっているのです。以上の点をふまえて、あえていえば、バーリン自身が述べているのとは別の意味で、彼の議論の中にはいわば「二つの自由概念」があるように思います。つまり、他の諸価値と併存し、相互に比較され考量されるべき価値としての自由と、諸価値の間からの個人による選択を保障する価値としての自由です。このことをどう考えればいいのでしょうか。

多元主義と一元主義

難しい問題ですが、バーリンの議論の中で、自由という価値は明らかに、平等などの他の価値とは別格の扱いを受けています。この後で検討するロシアについての議論なども含めて、自由の問題は彼の中でいつも中心にある。そして、これまでに見てきたように、自由は重要なのだがそれを追求するのはあくまで一部のエリートのみで、大衆はセキュリティを追求するものだという議論が繰り返し出てきます。その意味で、実はバーリンの議論は、個人の選択の自由を重視するミルや自らのような立場と、セキュリティを重視するホッブズやルソーらの立場との対立、というものを対立軸として展開しているのではないでしょうか。

そうであるとすれば、自由が他の価値と並列され、同一平面上にあるかのような記述を、他方でなぜしてしまうのか。これも私の考えですが、それは彼が多元主義を公言していることの、一つの帰結なのではないか。多元主義ということを言い、一つの答えはないと主張しているのに、自由は別格であるとは言いづらい、ということです。そのため、自由と共に、他の諸価値を、あまり精査した様子もなく、お座なりな形で同一平面上に並べてしまう時があるのかもしれません。

バーリンは、自由の「消極的」な概念と「積極的」な概念の対立という言い方をしていますが、これは実は価値についての多元主義と一元主義との間の対立に、ほぼ置き換えることができると思います。彼の主眼は多元主義の擁護にある。そしてその背景に、ナチスとソ連という二つの一元主義への彼自身を含めた恐怖の経験があることは言うまでもないでしょう。さらに、より長い時間軸での、ヨーロッパ史の歴史的な考察も大きい意味を持っているでしょう。いずれにしても、ホッブズは恐怖ゆえに一元主義を選んだが、バーリンは逆に多元主義を選んだということになりそうです。

ただ、こうした多元主義の擁護には、特有の困難がつきまとうようでもあります。一つの正しい答えがあるわけではないというこの主張自体が、自らを掘り崩さないのか、ブーメランのようにならないのか、ということです。「すべてのクレタ人は嘘つきだ」とクレタ人が言っている場合どうなるのか、という例のパラドックスと同じです。答えは一つではない、と主張すると、それならあなたの主張する多元主義も正しい答えとは限らず、本当は一元主義が正しい可能性もある、という話にされかねない。

これについてどう考えるべきか。私自身は、多元主義とは、世界は現に多元的であるし、多元的であるべきだということを信じ、それにコミットメントする立場である、と整理しています。つまり、多元主義が一種の党派性を帯びていることは、率直に認めた方がいいと思っています。そして、多元主義を選択する根拠は、多元主義よりも一元主義がより危険だという判断です。これが恣意的な判断なのか、それとも人類の歴史をふまえた洞察というべきなのか、それは最終的にはそれぞれの人の目に、世界がどう見えているかによるのではないでしょうか。

ロシアの知識人たち

そこで、バーリンの多元主義への確信のおそらく最も重要な根拠の一つとなった、ロシアの知識人たちの運命についての考察を、論集『ロシア・インテリゲンツィヤの誕生』から少し見ることにしましょう。帝政ロシアのピョートル大帝は、一八世紀に、知識人たちを西ヨーロッパに送って勉強させることを始めました。この人は、まさにミルが評価した啓蒙専制君主であったわけですが、そうした啓蒙主義的政策の結果は無惨なことになりました。

ヨーロッパで自由の実践を経験し、さまざまな理論を吸収した知識人らは、帰国後、自由主義をロシアの地に導入しようとします。しかし人口のほとんどを占める貧しく読み書きのできない農民たちは自由など求めておらず、生活のセキュリティしか求めないので、知識人たちは孤立してしまう。さらに一九世紀初頭には、ニコライ一世が、知識人たちの理論がロシアのセキュリティを低下させると憎悪し、大弾圧を行う。知識人たちは大衆に迎合して転向するか、あるいは過激化してさらに大衆から遊離するか、という二つの道を辿《たど》った、というわけです。

この本を読みながら改めて想起するのは、以前にもふれた戦前日本の、知識人たちの転向の歴史です。多くの知識人たちが、当時は非合法であった共産主義思想に共鳴しましたが、厳しい弾圧の中で、雪崩を打つように転向していきました。日本の場合には過激化した人々よりも、迎合する人々の方が多かった。そして、そのことを恥じるよりも、現実に目覚めた結果が転向であったのだと自己正当化しました。

ロシアの知識人たちがヨーロッパに行った時期は、ちょうどロマン主義とヘーゲル主義の最盛期であったため、彼らはこれに親しみました。有機体としての民族にはそれぞれに固有の内的な目的があるとするロマン主義は、民族単位で歴史の発展を考えるヘーゲル主義と共振する一元論であったとバーリンは指摘します。つまり、自由論の文脈としては積極的自由に近い考え方であり、個人よりも集団を重視するし、一つの目的において皆が一致できるとする。その意味で、そもそも個人の自由を実現するには不適切な思想潮流であったということです。

そうした当時のロシア知識人の中で、バーリンが例外的なまでに高く評価しているのが、哲学者で作家でもあったアレクサンドル・ゲルツェンです。それは、この人が一元論にきわめて批判的であったからです。ゲルツェンはヘーゲルの影響を受けたが、それを独自の「自分だけのものに変えた」とバーリンは主張します。

彼に対するヘーゲルの主たる影響は、いかなる特定の理論や単一の教義も、人生に対するいかなる単一の解釈も、とりわけ単純で一貫し、立派に構築された図式も（中略）少なくともそれらが説かれた形においては、恐らく実際的な諸問題の真の解決とはなり得ないであろうという信念であったように思われる。（邦訳 二二五―二二六頁）

これに対し、バーリンは、アナーキストとして名高いミハイル・バクーニンのような人物は、唯一の正しい答えがわかっていることを前提としており、底が浅いとしています。とりわけ革命思想家らが、革命を成就することで初めて真の自由が実現するので、現在の自由は捨てて、将来のために現在は犠牲にすべきだと説きがちなことに対するゲルツェンの批判を、バーリンは高く評価します。

自由の伝統なき社会

革命論へのこうした疑問が、積極的自由に対するバーリンの疑いと関係していることは明らかですが、他方で、このような彼の議論に対しては、現に自由が実現していないところ、自由な実践が定着していないところではどうすればいいのかという、以前にも提起した疑問が再び頭をもたげてきます。

「二つの自由概念」ではエジプトの農民の話をしていましたが、ここではロシアの農民の問題です。彼らには、自由を求めるだけの余裕がそもそもないのです。そして、こうした話から一直線につながるかはわかりませんが、今日のロシアでも、政権に批判的な知識人やジャーナリストが弾圧され、時には毒殺などの不審死を遂げていても、それに関心を示す人々は必ずしも多くないようです。ウクライナに対する無謀な戦争に反対する市民が酷い弾圧を受けても、政権批判にはつながらない。

これは他国に限られた事柄ではありません。戦前の日本でも、多くの知識人が弾圧されましたが、それが一般の人々の間に憤激を引き起こしたとは聞きません。東大教授で貴族院議員でもあった憲法学者の美濃部《みのべ》達吉が、その学説を理由に迫害を受けても、多くの人々の反応は、特権的な知識人が叩かれて、いい気味だという感じであったようです。こうした学問の自由への攻撃が、社会全体の人権水準にはね返ってくる問題だという認識は、今日でも必ずしも共有されないようです。

ちなみに、一九五〇年代のアメリカで吹き荒れた「赤狩り」の中で、イギリスへの亡命を余儀なくされた古典学者のモーゼス・フィンリーは、自分を追いやった一般の人々を批判はしないと述べています。苦しい生活の中で、人々が、特権的に見える知識人たちを憎んだとしてもやむを得ないと。

自由な伝統が脆弱《ぜいじゃく》な社会はどうすればいいのか。バーリンは、先ほどもふれたように、過激な革命路線を採用しても逆効果だと考えています。これとの関連で、彼のフランスに対する評価は低く、フランス人は抽象的に自由を求める結果、専制を生み続けている、としています。これは、トクヴィルの『旧体制と大革命』(一八五六年)での指摘とも通じるところがあります。いくら革命を行い、主権の担い手を交代させても、別種の専制が出現するだけであったと。ロシアに関していえば、この自由主義者たちの時代の後、ロシア革命でソ連となり、それが前世紀末に破綻して再びロシアになる、という形で何度も革命的事態を繰り返したわけですが、それが自由な社会をもたらしたのかは疑問があります。

ではどうするのか。人は生まれながらに自由としたルソーを批判して、「魚は飛ぶようにつくられていない」とし、民衆のほとんどは自由など望んでいないと述べたゲルツェンを、バーリンは肯定的に紹介しています。しかし、そうなると、ほとんど宿命論に近く、自由な伝統が存在しないところで伝統を作り出すことは不可能、ということにもなりかねない。不可能とは言わないまでも、きわめて長い時間と、無数の人々の不断の努力を要することになります。これは、自由とセキュリティについて考えている私たちにとって、最大の難問の一つとなるでしょう。

最後に、このことと関連するのではないかと私が思っている点があります。それは、ユダヤ系の高名な学者であるバーリンが、イスラエル政府から何度も「帰国」を望まれながら、断り続けたという事実です。彼はその理由について、自分は「ヨーロッパ人」だからと答えたと言われています。もちろん、シオニズムなどへの態度との関係で考えることもできるでしょうが、私には、自由の伝統が必ずしも定着していない社会への移住を彼が躊躇したように思えてなりません。自由な社会とは、自由な伝統がある社会であり、したがって、自由主義は一種の保守主義としての側面を持つ、ということとの関係において。

二〇二二年九月八日

第五章　シュミット『政治的なものの概念』を読む

『政治的なものの概念』（権左《ごんざ》武志訳）岩波文庫

カール・シュミット（Carl Schmitt　一八八八―一九八五年）はドイツの憲法学者・政治学者。本章で論じる『政治的なものの概念』の他に、ワイマール共和国の危機に際して議会政の無力さを批判した『現代議会主義の精神史的地位』、危機収拾のための独裁に期待する『独裁』、および『憲法論』などがある。

この章では『政治的なものの概念』を読みます。著者のカール・シュミットはドイツの憲法学者・政治学者で、第一次世界大戦後のワイマール共和国の時期には、主観的には共和国を守るための議論をしたものの、その後、ナチス時代になると、一時的とはいえこれに協力したこともあり、第二次世界大戦後はずっと弁明に追われることになった、そうした曰《いわ》くつきの人物です。

最近出た権左訳はすばらしい仕事で、翻訳の質が高いだけでなく、以上のような経緯の中でシュミットがこの本に加えた修正の過程がすべて、手に取るようにわかる形になっています。シュミットは一九二七年に論文として発表したものを改訂して三二年版として本にまとめましたが、その翌年には、ナチス政権への対応のため大幅に修正して三三年版を出します。六三年には新たな序文を付して、何事もなかったかのように修正前の三二年版を復刊しました。

訳語の選択で特に重要なのは、従来、「友／敵」と翻訳されてきたものを、「味方／敵」に変えたことです。これについてはすぐ後で述べます。

戦争としての政治

この本の内容を一言でまとめれば、政治とは戦争である、ということになると思います。しかも、戦争は政治によって規定されるというわけで、そこには一種の循環関係が想定されています。その上で、こうした彼の政治観とは異なるさまざまな考え方が、ひとまとめにして自由主義と呼ばれ、批判されます。

本書のこれまでの流れとの関係でいえば、ホッブズが重要な思想家としてしばしば言及されますし、セキュリティのために統一性を求めるという大枠では、シュミットとホッブズは一致しています。ただ、ホッブズのように、少なくとも出発点においては個人の自由を考えていた人物の理論と、シュミットの理論とでは相違点もあります。他方で、前章で読んだバーリンが重視していたコンスタンらの自由主義者、多元主義者らは、主たる攻撃対象となっています。

ここでは三二年版を中心に、三三年版での修正に注意しながら見ていくことにしますが、まずは、政治と国家との関係についてです。政治を定義する際に国家と関連づける議論が多いが、それは国家と社会とが明確に分離していた場合には当てはまる。しかし、今日では国家は社会と相互に浸透し合い、以前のような「中立国家」から「全体国家」になってしまったので、そういう議論は妥当しなくなった、と述べています。この部分は三二年版で加えられ、三三年版では削除されました。

これは国家主義的な立場からの、ワイマール共和国の現状への批判です。国家以外のさまざまな団体、すなわち市民社会的なセクターに属するような部分が、国家と結合してしまったので、もはや国家はその本来の政治的な性格、つまり戦争主体としての性格だけを持つわけではなくなった。不純物が加わってしまったので、今の国家を見ていても、政治的なものの本質はわからない、というわけです。

シュミットももちろん、経済や文化といったものの存在を否定するわけではないのですが、明らかにそれらを低く見ている。そうした社会的なものは、国家が規定する公法の枠組みの中で、私法的なものとして、分を弁《わきま》えながらやりなさい、と。そして、そうした社会的な領域の中で活動するさまざまな集団は、政治的な存在ではないことが明確化されるべきだ、というのです。

その上で、それでは国家的ということが基準にならないのなら、政治的なものの基準をどこに求めるかといえば、先ほども言及したシュミットの有名な対立図式である、味方／

敵というものが示されて、これこそが、政治的なものの本質に関わる関係とされます。なぜ本質的とされるかといえば、それは結局のところ、シュミットの政治のイメージは戦争だからです。戦争は味方と敵に分かれてやるものであり、戦争をやる時に一番大切なのは、味方と敵との識別です。従来は、フロイント Freund というドイツ語を友と翻訳する場合が多かったのですが、戦争の比喩をわかりやすくするには、これは味方と訳す方が良いです。

シュミットは、人間の活動はいろいろあるが、道徳、芸術、経済といった社会的領域における対立関係と、政治的な対立とは別だとしています。

政治的敵は、道徳的に悪である必要はないし、美的に醜い必要もない。政治的敵は、経済的競争者として現れる必要はないし、政治的敵と取引するのは、もしかしたら有利とすら思われるかもしれない。（邦訳　一二一頁）

つまり、経済的対立などがあれば、それがただちに政治的な対立に結びつく、ということではない。逆に、どんな理由にせよ味方／敵関係が、「グループ分け」として事実として成立すれば、それが政治的対立になるのだ、とシュミットは主張するのです。

アーレントとの異同

このようなシュミットの政治の概念が、きわめて狭いものであることは明らかだと思います。政治（ポリティクス）という言葉は、都市国家を意味する古代ギリシアのポリスに由来しますが、それ以来、政治という言葉には話し合って物事を決めるという意味がつきまとってきました。一般に政治について考える際には、もちろん対立の側面に注目することも大事ですが、合意形成の側面も無視できません。しかし、シュミットはそういう要素は全く顧みません。

二〇世紀を代表する政治学者の一人、ハンナ・アーレントは、ナチスに協力したシュミットとは対照的に、亡命を余儀なくされたユダヤ系知識人でしたが、彼女は古代ギリシアを振り返りながら、経済などの領域と政治の領域を区別しようとしました。ポリスでは、男性市民たちが集まる広場で政治が展開されていたのに対し、女性・子ども・奴隷たちが留まる家（オイコス）で、経済活動が行われていた。このような政治と経済との区別をアーレントは重視しており、その限りでは、彼女とシュミットとの間には一定の共通項があります。つまり、政治という領域の自律性を重視し、それを経済などの他領域に従属したものと見なすマルクス主義などに対しては批判的でした。

しかし、アーレントの政治のイメージそのものは、シュミットの戦争的なものとは全く違います。人々が言葉によって結びつき、共に議論し合うことを政治と呼んでいたわけですから。シュミットは深い教養を持っていたので、古代ギリシア以来の政治概念を知らないはずはありませんが、政治に関して論ずるにあたって、そうしたものを排除したのです。

政治と戦争

ところで、戦争と政治とを関連づけた議論で知られているのが、プロイセンの軍人カール・フォン・クラウゼヴィッツです。彼は『戦争論』（一八三二―三四年）で、「戦争は、他の手段を介入させた政治的交渉の継続である」と述べました。シュミットは、この言葉はしばしば「他の手段による政治の継続」と不正確に引用されるとした上で、クラウゼヴィッツに批判を加えています（邦訳　三二頁）。クラウゼヴィッツが、シュミットほど政治というものを狭く捉えなかったことは明らかです。彼は外交などにも一定の意味を認めており、外交などの交渉も当然、彼の政治という概念に含まれてきます。外交などがすべて失敗した時に、最後の手段として出てくるのが戦争だ、ということを言ったわけです。

ところがシュミットは、戦争は、政治による味方／敵のグループ分けに基づいてやるしかないのだから、その意味で、実際の戦闘行為としての戦争は、戦争としての政治に従属している、と言います。彼からすれば、政治がすでに戦争なのですから、実際の戦闘行為は政治が選択する一つの手段というよりも、政治が可視化したものにすぎない、ということになるのでしょう。

政治が「グループ分け」をした時にすでに戦争は始まっている、というこのシュミットの議論をどう受け止めるべきなのでしょうか。「仮想敵国」とも外交努力を続けて戦争を回避できる、といった可能性をシュミットがはじめから排除している点が、非常に大きな問題です。

例えばウクライナとロシアとの戦争がいつ始まったかについては、それ自体が論者の政治的な立場とも関係し、現在、深刻な論争が続いていますが、多数の戦車の車列で国境線を越えた時より前にすでに戦争であったという議論は、この例でいえばロシア側に与《くみ》するものとなり得るでしょう。日本の真珠湾攻撃の問題点を相対化したい人々も、そういう論理を利用したがるかもしれません。しかし、ルソーが「戦争法原理」で述べていたように、戦争と戦争状態は違い、実際の、大規模な（小競り合いなどは別として）戦闘行為が始まった時に戦争になる、という見方もできます。「戦争前夜」であることと戦争とは区別できる、という考え方です。

戦争の時代

シュミットのように古代ギリシア以来の討論や合意に関わる政治概念を無視することが、なぜ可能であったのでしょうか。なぜことさらに彼は政治と戦争とを重ね合わせ、しかも、そうした彼の理論が今日に至るまで一定の説得力を持つものとして流通してきたのか。

それは、二〇世紀が戦争の時代だったから、ということに尽きると私は思います。国家間関係が、常に戦争であるわけではありません。外交や取引も存在します。そもそも主権国家の成立自体、近代の事柄にすぎません。この本の書かれる少し前の第一次世界大戦は最初の総力戦となりました。かつては戦争は職業軍人同士の戦いでしたが、「グループ分け」された国民同士が、最後の一人が倒れるまで殺し合うようなことになってしまった。こうした状況を背景にシュミットは、あくまで普遍的な認識であるかのように、戦争としての政治を語っていますが、これはごく特殊的な経験に基づく、視野の狭い議論にすぎないのです。
もっとも、こうした視野の狭さについては、我々も自戒すべきです。ウクライナにロシアが侵攻して以来、世の中に広まっているのは、戦争こそが本質だ、というシュミット主義的な言説です。外交で解決できるとか、経済関係を深めれば戦争にはならないとか、グローバル化が戦争を不可能にしたとかいう話は、すべて幻想である。ウクライナを見よ、というわけです。ホッブズやシュミットこそが正しかった、という言論状況です。例外状態の中に本質が現れる、というシュミット的な議論の「感染力」もかなり強いようです。シュミットは言います。

この場合（現実の闘争――引用者註）が例外的にのみ生じることは、その決定的性格を否定せず、むしろこれを根拠づける。今日戦争が、以前のように数多く日常的には起こらないとしても、戦争の数的頻度と日常性が減少したのと同じ程度に、おそらくはそれ以上の強度で、戦争の圧倒的・全体的な重みは増大した。（同三二頁）

ウクライナ戦争をめぐって、同じように言っている人々もいます。しかし、世界にはさまざまな対立関係がありますが、それが全面的な軍事衝突としての戦争にまで至っている場所は必ずしも多くありません。潜在的な対立とか、武力の不均衡があるだけで、ただちに現実の戦争が生じるわけではなく、外交の失敗など、他の要因が重なることで初めて戦争は生じるとも考えられます。

本質は例外的な形で現れるものだ、という発想は、キリスト教における奇跡の位置づけなどとも関係があるのかもしれませんが、それとは違う考え方もできるはずです。日常性の中にこそ本質がある、という見方も、あり得るはずです。セキュリティへの強迫観念にとらわれないためには、そうした可能性も追求してみるべきではないでしょうか。緊急性・例外性に本質を見るというのは、シュミットが主張しているほど、自明なものではありません。

緊急事態と内戦

シュミットにとって政治は緊急事態、例外状態にこそ現れる。こうした考え方と、そこからくるセキュリティへの強い関心に、ホッブズに通じるものがあることは明らかでしょう。

どの集団が味方であり敵であるかは、「政治的統一体」としての国家、すなわち主権の担い手が、独占的に決定することができるとされますが、ここでの敵という概念について、シュミットは古代ローマの「公敵（ホスティス）」と「私敵（イニミクス）」との区別などに言及します。私的領域では、相手を好敵手として相互に競争関係に立つこともできるが、公的領域では、食うか食われるかの関係、実存に関わる関係になるというわけです。

しかも、きわめて重大なことに、これは他の国家との関係についてだけではなく、国内でも「内敵」が発生し得るという記述を、彼は三二年版で加えています。政党政治と内戦がシュミットの中ではつながるのです。

> 国内での対立が、他国に対する共通の対外政治での対立よりも強い強度をもつようになれば、政治的＝政党政治的という等式が可能になる。国家内部で、政党政治的対立がすっかり政治的対立「そのもの」となったならば、（中略）国内での味方と敵のグループ分けが、武装した対決にとり決定的になる。（中略）もはや組織された国民的統一（国家または帝国）の間の戦争ではなく、内戦に関係してくる。（同二八―二九頁）

これが、ワイマール共和国を脅かしかねないと彼が考えた勢力への、具体的には、左派勢力に加えて、右派の過激派であるナチスをも含む勢力への、彼の三二年時点での切迫した警戒を示していることは明らかです。しかし、その後まもなく、こうした記述そのものがナチスへの批判と取られることを警戒しなければならない状況となり、シュミットは三三年版ではこの記述を削除します。

ちなみにシュミットが『現代議会主義の精神史的地位』（初版：一九二三年）などで強調しているように、ワイマール共和国議会が、左右に分極化した政治勢力の間の対立などで、混乱しがちであったことは事実です。これに対してシュミットは、ワイマール共和国憲法の緊急事態における大統領権限を幅広く利用して、議会を迂回《うかい》する形で、大統領緊急令によって事態を打開すべきだと主張しました。

しかし、彼のこの提案は、その後、まさにナチスが大統領緊急令を悪用する形で支配を確立したため、そうしたやり方への道を開いたものとして、大戦後に批判されることになりました。

自由主義批判

シュミットのこの本での主な批判の対象は、彼が言うところの自由主義です。彼によれば、自由主義とは、本来は私的領域に閉じ込められるべき倫理・経済などの関係を、政治の場としての公的領域に持ち込もうとする試みです。具体的には、取引や交渉や討論といったものを、戦争・闘争の場に導入しようとする考え方、と捉えられています。

彼によれば自由主義者たちは、高次のものと低次のもの、正しいものと正しくないものという二項対立的な思考法にとらわれています。コンスタンら一九世紀の自由主義者たちは、国家よりも社会が、あるいは軍事的・独裁的・暴力的な活動よりも、経済的・議会主義的・理性的な活動の方が高級であるとして、前者の系列から後者の系列への移行を野蛮から文明への啓蒙過程とさえ見なしたが、これには学問的な根拠はないとシュミットは主張します。彼によれば、次のように評価を逆転させることもできるのです。

政治を名誉ある闘争の領域として、経済を詐欺の世界として定義できるだろう。（中略）経済的土台に基づく人間支配は（中略）まさに恐るべき詐欺として現れざるをえない。

（同九一―九二頁）

このように言うのですが、ここに露呈している一つの事実があります。それは、シュミットの自由主義批判が、資本主義的な市場経済への批判を含んでいるということです。英米を中心とする自由主義的な秩序が、実は一種の支配構造であることを隠蔽している、という反発です。

もちろん、その一方で彼はマルクス主義にも批判的です。資本主義よりもソ連などのマルクス主義は彼にとってさらに明確な敵です。三三年版ではマルクス主義を、しかもこともあろうに、自由主義の一形態という言い方で批判しています。マルクス主義もまた、ブルジョワが支配する状態とプロレタリアートが支配する状態との二項対立を考えている点で自由主義的なのだ、と。

このように、英米の資本主義もソ連のマルクス主義も浅薄であるという話になると、いわば「第三の道」としてのナチスへの接近も自然です。

さらに、二項対立的な思考法を自由主義的だと糾弾する彼の論法は、皮肉なことに、彼自身の議論に対してもブーメランのように返ってきてしまうと思います。彼も自由主義者とまさに同様に、公的なものと私的なものを、あるいは国家と社会を、あるいは暴力と非暴力を二項対立的に考えているからです。対立する二項のどちらを重視するかについて、シュミットと自由主義者とで評価は逆であるとしても、構造的に同型だということは、否定できないのではないでしょうか。

多元主義と主権

シュミットの自由主義批判との関連で、政治的統一体は必ず主権的に統一されていなければならず、内部に連邦制的な構造を持っていてはならないという彼の議論について、ここで少し見ていきましょう。政治的多元主義批判の部分です。

二〇世紀初頭に、イギリスの政治学で、政治的多元主義という議論がありました。イギリスではそれまでに、主権は議会にあるという議会主権論が確立し、議会での決定がきわめて重視される体制となっていました。これに対して、ハロルド・ラスキらの政治的多元主義者が挑戦します。複雑化した現代社会では、人々の政治的な意見を議会だけでは十分に代表できないので、他の回路も必要だとするのです。具体的には、労働組合や教会などを通じた代表制が構想されます。この議論は、当時は現実政治にはほとんど影響力を持ちませんでしたが、近年、「第三の道」を唱えるブレア政権の下で少し見直されました。シュミットは、この比較的マイナーな議論に、正面から戦いを挑んでいます。彼がそうせざるを得なかったのは、当時、ワイマール共和国で、社会的団体に一定の公的地位を認める多元主義を導入する機運があったからのようですが、それが彼の議論の根幹に関わる論点でもあるからでしょう。つまり、政治的統一体の主権的な権力は分割できないという彼の議論にとって、目障りなものだったのです。

国家と民衆との間にある団体（中間団体）を重視するのは、ギルド組織などを擁したヨーロッパ中世に見られた考え方でしたが、彼によれば、そうした非国家的な主体、中間団体的な主体に政治的性格があるかのように考えることは、まさに自由主義的であり、根本的に間違っている。国家に代表される「政治的統一体」、つまり政治的主体と、それらの団体とでは、シュミットによれば、根本的な違いがあります。それは、それらの団体は戦争ができない、という点です。逆に、もしも労働組合や教会が、政府に対抗して内戦を繰り広げたとすれば、それらの団体は政治的勢力になる、というのがシュミットの整理です。

ここでは、連邦制的なものに対しての、権力一元論的な立場からのシュミットの批判が明確化しています。アメリカ合衆国はもとより、ドイツも、一九世紀中葉のドイツ帝国統一以来、連邦制でした。そうした事実をシュミットは無視しています。それは、セキュリティ強化のためには、戦争主体の権力の集中化が不可欠と考えたからでしょう。

無差別戦争観

シュミットは、主権的な国家が、誰が味方で誰が敵かを専権的に決めることができる、と考えようとするので、何らかの正しさの基準に照らして戦争の是非を論じる、いわゆる正戦論を認めません。グロチウス以降は、主権国家はいつでも自らの判断で戦争ができるという無差別戦争観が定着したと主張します。たしかにグロチウスは主権国家間のいわば「決闘」としての戦争観を示しました。ただ、実際には彼も正戦論を全面的に否定しているわけではなく、シュミットの解釈は偏っています。

しかも、総力戦としての第一次世界大戦の悲惨な経験を受けて、戦争違法化の機運が高まり、国際連盟が作られ、一九二八年の不戦条約（ケロッグ・ブリアン協定）が結ばれました。国際紛争を解決する手段としての戦争を禁止し、日本国憲法第九条の前提の一つともなった条約ですが、シュミットはその意義を否定します。そこでは国家の自衛権が留保されており、しかも、留保の仕方は各国が決めることになっている。そして、何より、そこでは国際的な「公敵」として目の敵にされた国家が、寄ってたかって攻撃されるようになるだけだ、というのがシュミットの評価です。

その後の展開についていえば、不戦条約に加えて、第二次世界大戦後には国連憲章で、国際紛争を解決するための手段としての戦争の否定は一層進みました。もっとも、世界から戦争がなくなったわけではもちろんありません。自衛権の概念も非常に恣意的に使われており、例えばアメリカは、「9・11」の連続テロ事件を受けて、アフガニスタンに対して、個別的自衛権の行使として戦争を行いました。アフガニスタンという国家がテロを行ったわけでなく、単に犯行集団がそこに逃げ込んだだけであるにもかかわらず。今回、ロシアによるウクライナ侵攻をきっかけに、こうした国際法による戦争の抑止は無力だ、という議論がかなり広まっています。

しかし、そのロシアですら、ウクライナへの侵攻を「特別軍事作戦」などと呼ばなければならなかったのはなぜか。それは、不戦条約以来の戦争違法化体制が、一定の効果を保っているからであるとも考えられます。

ところがシュミットはこの本で、戦争違法化や、国際的な協議や調停の試みの意味を否定します。これについて、後にシュミットは、ここでの議論は、戦争のやり方を含めてルールを共有する「ヨーロッパ公法体制」の枠内での限定戦争について述べたものであり、むしろ戦争がエスカレートする危険性に警鐘を鳴らすものであったと自己正当化しました。彼の別の著作なども参照しながら、それを追認する専門家もいますが、この本に即して見る限り、彼が文字通り実存を賭けた闘争を想定していることは明らかです。それは、例えば、一国民の絶滅に言及する次の一節に見られる通りです。

一国民が政治的なものの領域にとどまるだけの力や意志をもたないとしても、政治的なものは世界から消え失せない。弱体な一国民が消え失せるだけである。（同五七頁）

ホッブズとセキュリティ

シュミットによれば、まともな政治学の条件は性悪説に立脚すること、つまり人間は「危険」なもの、問題あるものと見なすことです。マキャヴェリ、ホッブズ、ボシュエ、フィヒテ、ド・メーストル、コルテス、テーヌ、彼らは性悪説なので合格だが、ヘーゲルは若干微妙だと言っています。これに対して、性善説の立場に立つのは、アナーキスト、教育学者、私法学者であるとします。

しかし、何と言っても、シュミットにとってはホッブズこそが最高の政治学者とされます。それは、ホッブズが「保護と服従の連関」を正しく示したからだ、と言うのです。すなわち、危機に際して「私が保護する、したがって私が義務づける」と宣言する者が現れ、人々がそれを受け入れることが政治の根幹であると。シュミットは三二年版でこう書き入れました。

ホッブズは、内戦の悪しき時代にこの真理を経験した。というのも、当時、全く安全な時代には人々に政治的現実について思い違いさせてしまう正統主義的・規範主義的な幻想がすべて消え失せたからである。（同五六頁）

セキュリティの危機の中で、ホッブズは真理にふれた。そして今また自分も、ワイマール共和国の新たなセキュリティの危機の中で、再び真理を摑《つか》みつつある、ということなのでしょうか。

ここで指摘しておきたいのは、以前に確認したように、ホッブズは自らの自然状態論は性悪説ではない、と明記していたという事実です。その理由は、自然状態における「自然権」は「善悪の彼岸」にあるからです。ホッブズが描写している自然状態での人間たちのふるまいは、近代世界の倫理規範からすれば、「悪」と呼びたくなるようなものであるかもしれませんが、それを「悪」と呼んでしまうところに、シュミットの勇み足があると思います。

シュミットは、ホッブズの議論から、何を主として引き継いでいるのでしょうか。それは、セキュリティを確保するためには、個々人が自由を放棄して集団として力を合わせる以外にはない、という発想に他なりません。味方と敵とがグループ分けされ、味方同士は力を合わせて最後まで戦う以外にはないのです。

実証主義的な権力観

シュミットは三二年版から三三年版へとかなりの修正を行いました。ユダヤ系の著者たちの名前を消したというのが、最も目につく、しかも非常に露骨な修正ですが、それ以外にも、言質《げんち》を取られそうなところ、自らのセキュリティを危うくしかねないと思った箇所などを変えたようです。

私が注目するのは、味方と敵との関係は「アゴーン」的なものではない、という加筆です。「アゴーン」とは古代ギリシアで、スポーツや言論などでの競争関係を意味していました。したがって、そこでの敵対関係は競争的なものであって、殺し合いではない。これに対しシュミットは明示的に、自分が考えている政治的な敵対関係は、「実存のために闘争する人間総体」であるとしているのです。

私がここに注目する理由は、現代の政治理論家の中で、シュミットの政治概念に言及しながら、殺し合いではなく、ジェンダー問題の政治化の必要性を論じている、シャンタル・ムフのような人がいるからです。多数派の文化的な優位に対抗して、少数派の文化的な差異を強調する議論は、別の現代の政治理論家であるウィリアム・コノリーのような人もしていますが、さすがに彼はシュミットに依拠してはいません。ムフのような議論は、シュミットの政治概念が生存をかけた戦争に限定されていることをふまえたものとは言えないでしょう。

シュミットによる記述修正の経緯は、ホッブズが執筆時期によって執筆内容を変化させたことを想起させます。ホッブズもシュミットも、政治変動が続く危機的な時代に執筆活動を行い、二人はいずれも、政治権力に近いところで、政治のあり方に一定の影響力を及ぼせる、いわばブレーン的な立場にありました。ホッブズは有力貴族や王太子の家庭教師でしたし、シュミットは有力な大学教授であるに留まらず、ナチスの権力掌握過程で決定的な役割を果たし、枢密顧問官などに任命されています。しかし、権力のブレーン的な役割を果たせば、権力が移行した場合には、粛清の対象になる危険性が出てくるわけです。

最初からそのようなブレーン的な、もっとあけすけにいえば「御用学者」的な立場を選択しなければよかったのに、ということはもちろん言えるでしょう。しかし、いったんそのような立場に身を置いてしまうと、その後にできることは限定されてしまうのかもしれません。学者としてのふるまい云々というより、むしろその理論の中身に関して。

一言でいえば、どんな権力でもいい、確立した権力はすべて正当化できる、という実証主義的な権力観が必要となるのです。ここで実証主義的とは、自然法論に対する法実証主義のような意味でのことで、外部に基準を設定しない考え方ということです。

ホッブズは、彼の目の前で支配者が次々に入れ替わるのを目撃しました。その帰趨《きすう》によって、彼の運命は大きく左右されました。そうした中で彼が、権力の安定性への「信仰」を持つに至ったとしても不思議ではありません。

ところが、実は権力の安定性が必要だと論じることにもリスクはあります。少し間違うと、新たに成立した権力を批判しているととられかねないからです。「安定性が重要だとは、政治変動を起こした我々を批判しているのか」となったら殺されてしまうので、「今のこの権力が大切だという意味です」と言い続けなければならない。正しい権力の基準のようなものは、決して示すことはできない。そんなものを示すと、それもまた危険だからです。

シュミットも、目の前でワイマール共和国が成立し、さらにはナチスが勃興し、それが共和国を解体していく過程を見ています。重要なことは、そうした渦中にいる人々にとっては、事態がどちらの方向に進んでいくか最終的なことはわからない、という点です。そのため、外的な価値基準を設定すると危ないので、どんな権力でもいい、現に内戦を勝ち抜いたり戦争を行うだけの「事実上《デ・ファクト》」の闘争能力があるかどうかだけが問題だ、という議論をし続けることになります。

内戦か遅延行為か

このように、事態はあくまで進行中であるからこそ、それをどのような視点から見るかが重要になります。三三年版でシュミットは、国家内部の政治勢力間の対立について、こう述べています。

　こうした対立は、共通の統一を肯定するもっぱら「アゴーン的」な価値の闘争なのか、それとも、すでに政治的統一を否定する味方と敵の真の対立の始まり、すなわち潜在的な内戦なのか、まだ明らかではない。（同一二六頁）

　眼前の対立が、政党政治の枠内の対立に収まるのか、それとも、過激化して内戦に至る対立の萌芽《ほうが》なのか、同時代人にはわからないのです。後になってみないと誰にもわからない。

　わからない、ということは内戦になどならないかもしれないわけです。実際、政党政治がいつも内戦に転化しているわけではありません。言うまでもないことですが。多様な利益や価値観を持つ人々の間に対立があっても、交渉や調停の可能性はなお残されている可能性があります。古代ギリシア以来、そうした討議と合意形成の政治が重視されてきました。先にアーレントに触れましたが、他にも、例えばイギリスの政治学者バーナード・クリックは『政治の擁護』（初版：一九六二年）で、まさにそのような意味での政治の概念を擁護しています。シュミットのいわゆる「政治的なるもの」とは異なる政治の概念です。

ところがシュミットは、これまで見てきたように、戦争・闘争としての側面ばかり探していています。そういう人物の目には、議会での論戦が少し激化してくると、それは「潜在的な内戦」と映るのでしょう。逆に、もう一つの重要な著作である『現代議会主義の精神史的地位』などでは彼は、ワイマール共和国での議会での討論は単なる暇つぶしのおしゃべりにすぎず、何も決めることはできない「永遠の対話」であると揶揄《やゆ》しています。闘争の契機が見えないものは、停滞にすぎない、とされるのです。

結局のところシュミットが、討論や熟議を自由主義的と批判し、討論などに内在的な価値を一切認めていないことが、彼の議論を考える際のポイントだと思います。政治は闘争であり、国家に必要とされるものは軍事力・警察力だけとされます。国家の役割は敵と味方を「グループ分け」することであり、それ以外の国家のあらゆる機能は、シュミットからすれば、自由主義者が我々に信じさせようとしている誤謬にすぎない。

そうした視点からは、政党政治などは潜在的な内戦か、さもなければ無意味な遅延行為でしかない、と見えてしまうことになります。

シュミット主義の系譜

数年前、ある新聞記事を目にして、私はあっけにとられました。そこでは、理由を示されず任命を拒否された日本学術会議の会員候補たちについて書かれていたのですが、彼らが日本国憲法の下での集団的自衛権行使を可能にする安保法制に反対するなど、「反政府的」な活動をしていたことが背景にあるのではないか、と書かれていたのです。「反政府的」とは穏やかではありません。体制そのものの転覆を目指す武装テロ組織などについての用語であり、現政権の方針を言論で批判することなどを指すものではないはずです。私が知り合いを通じて確認したところ、単に記者が言葉を知らず、現政権に反対することを「反政府的」だと誤解していた、との返事でした。

しかし、その後、気をつけて見ていると、ネット上の言説などでは、単に野党的であること、政府と違う意見であることを「反政府的」などと呼ぶのが珍しくないことがわかってきました。この背景には、単に言葉についての誤解だけでなく、セキュリティへの危機意識からか、権力をできるだけ集中させたいとし、野党的なものや少数意見は不要と考える人々が増えてきたという事情があるようです。

これは、少数意見こそが最重要だと考えたミルをはじめとして、多様な意見の併存を重視する多元主義者からすると、非常に居心地が悪い環境です。知らない間にシュミット主義者によって「内敵」にされてしまうかもしれないのですから。

私の印象では、こうした流れは一九九〇年代のいわゆる政治改革論議のあたりから強まってきました。そこでは、政治学者たちが多く関わる形で、それまでの政治は「決められない政治」であったと厳しく批判されました。一九五五年以来、自由民主党と日本社会党とが中心となって展開されてきた日本政治では、与野党間で国会運営などをめぐってしばしば取引がなされ、その見返りとして野党の政策が部分的に取り上げられるといったこともありました。こうしたすべては、本来、闘争であるべき政治の場に不純な「談合」を持ち込むものだという議論がされましたが、これは私の耳にはシュミット主義的に聞こえました。

もっとも、政治改革の推進者たちにしても、政治家たちの思惑はさておき、少なくとも政治学者や政治記者たちは、一党優位を固定化させることを目指していたわけではなく、「政権交代のある政治」を目指していたのですから、そこはシュミットとは明らかに違います。

それでも、政治の二つの側面と私が考えるもののうち、「対立」の側面だけを強調し、「合意」の側面を軽視した点で、それは一面的な議論であったと思います。このいわゆる政治改革は、政党間の闘争の激化を目指して小選挙区制を導入しましたが、日本には元々、二大政党制の基盤がなかったことなどから、競争の導入どころか自民党の長期政権をもたらすことしかできませんでした。

もっと遡れば、戦後日本で政治学を確立した丸山眞男《まさお》も、シュミットから影響を受けた人物でした。この本を訳した権左武志が以前に指摘したところでは、丸山はその西欧理解の多くをシュミットに負っています。冒頭に見た「中立国家」といった用語も含めてです。その丸山は、日本が無謀な戦争に邁進《まいしん》していった背景には、決定主体が明確でない「無責任の体系」があったと主張しました。誰が決めているかわからないうちに、何となくお互いに忖度《そんたく》し合い、無責任な決定がされてしまったというのです。戦前の日本は権力が十分に統合されていない「多頭一身の怪物」であったという言い方もしています。

そして、戦後日本でまともな政治を実現するための処方箋として、丸山は、「権力の統合」の必要性を説きました。私は丸山の分析には非常に鋭い点が多々あると思いますが、この処方箋の効果については懐疑的です。戦前の日本の失敗の本質はむしろ、価値の多元性を否定した点にあったと考えるからです。

概念と状況

最後に、シュミットがおそらく意識していなかったであろう、彼の理論に潜むブーメランの存在を指摘しておきましょう。シュミットは、国際機関を含め、どんな政治的な主体も自己利益を追求しているだけだと主張しました。英米を中心とする自由主義者たちも、彼らにとって有利な秩序を、あたかも普遍的なものであるかのように語っているだけであると。

あらゆる政治的な概念・観念・言葉は、論争的な意味をもっている。それらは、具体的な対立状態を念頭に置いており、（戦争や革命に表れる）味方と敵のグループ分けを最終的帰結とする具体的状況に結びついているから、この状況がなくなれば、空虚な幽霊じみた抽象と化する。
（同一二七頁）

シュミットは国家、共和国、社会、階級などの言葉がすべてそうした意味で論争的だとした上で、敵を「政治的」と呼んで非難して自らを政治の外部に置こうとする勢力、つまり彼が自由主義者と呼ぶような勢力に対して、そうは問屋が卸さないぞ、としています。

しかし、それなら、彼自身の政治的なものの概念はどうなのでしょうか。それ自体が論争的だ、ということにはならないのでしょうか。それ自体が、戦争に明け暮れ、国内でも意見の対立が極度に激化した、そうした「具体的状況」の中で、ドイツのナショナリズムに共鳴しつつ、権力に密着する知識人としての自らの立場を正当化するものではなかったのでしょうか。

二〇二三年一月二四日

第六章　フーコー『社会は防衛しなければならない』を読む

『社会は防衛しなければならない』（石田英敬《ひでたか》・小野正嗣《まさつぐ》訳）筑摩書房

ミシェル・フーコー（Michel Foucault　一九二六―八四年）は、フランスの哲学者・歴史家。歴史における偶然性を重視する「系譜学」の立場から、古代から現代まで、さまざまな権力のあり方を論じた。『狂気の歴史』、『監獄の誕生』の他、本章で論じる『社会は防衛しなければならない』（一九七五―七六年度講義）など一連の講義録もある。

この章では、現代フランスの哲学者・歴史家ミシェル・フーコーの『社会は防衛しなければならない』を読むのですが、これはコレージュ・ド・フランスでの一九七六年の講義録です。一九七五年には『監獄の誕生―監視と処罰』が出て、「規律権力」の話をしていたわけですが、七六年には、シリーズ「性の歴史」の第一巻『知への意志』も出ており、七八年には講義録『安全・領土・人口』として出る内容の講義をしており、この時期あたりからフーコーは「生権力」、つまり何かを禁止したり強制したりするよりも、むしろ人々の生命や生活を作り出し維持していくような権力のあり方の問題に集中していきます。

ところがこの本では、規律権力の話とも生権力の話とも直接にはあまり関係なさそうな戦争ないし闘争の問題が扱われている。フーコーの著作の中では、孤立しているように見えるのです。実際、このテーマをフォローするような仕事を彼は残していませんので、戦争・闘争の政治学という方向性は放棄されたのかもしれません。

そのこともあってか、この本はフーコーの専門家にはあまり注目されていません。前回読んだシュミットとの主題的な関連性を感じさせ、ホッブズが大きく扱われているなど、本書にとってはきわめて重要な内容を含んでいるのですが。

この本は社会の防衛を表題に掲げています。これもまた、我々のテーマにとってのこの本の重要性を暗示していますが、実際には、講義の流れの中で、いわゆる社会防衛論的な、つまり社会全体のセキュリティのために個人の自由を制限したり少数派を排除したりすることに明示的にふれるのは、最後のあたりだけです。これは、フーコーが講義全体の流れについて、目測を誤ったということもあるかもしれません。ただし、講義全体が、結局はセキュリティ重視の政治理論への批判になっており、その意味では一貫性も見て取れます。

主権批判と系譜学

講義の最初の数回で、フーコーはこれまでの自分の仕事を振り返りながら、自らの権力論をある程度まとめて示し、その眼目は主権批判にあったとします。

『監獄の誕生』では、前半に君主の主権的な権力のあり方、つまり権力を一手に掌握する君主から命令が放射するという形の権力が描写され、後半では、近代のさまざまな施設での規律権力、つまり、人々がある特定のふるまいをするように叩き込まれ、近代的な主体にされていく、そういう権力のあり方が描写されます。フーコーはフランス革命の前後に、主たる権力のあり方が前者から後者へと変化したとしました。そうした変化を象徴的に示しているのは、フーコーによれば、王への反逆者が広場で公開処刑される体制から、犯罪者が刑務所に収容され監視される体制への変化です。

今でも、一般的な政治学では、権力というものは究極的には、ある一つの中心、通常は国家から放射していると考えています。確かに、そういう権力が主流であるような社会もあるでしょう。しかし、我々の社会のような複雑化した社会では、必ずしもすべての動きが政府という中心から放射しているわけではありません。

私が講義などでよく例に引くのは監視カメラです。このカメラがあると、我々は犯罪行為はもちろん、疑わしいと思われかねないようなふるまいを避けることになります。このカメラの設置により、我々は刑務所で行動を監視される収容者と同じような権力を及ぼされている。しかし、監視カメラの多くは、警察などの強制によって設置されているわけではありません。自分たちのマンションやビルのセキュリティをもっと高めたいという、「草の根」の人々の要求に発している場合が多いのです。

もう一つの例が、記憶に新しいコロナ対策としてのロックダウンなどの行動制限です。不要不急の外出をするなとか、飲食店は営業するなとか、我々は明らかに権力を行使されましたが、日本の場合に特に顕著であったように、それは政府それ自体の命令でなく社会の多数派の人々のセキュリティへの関心に根ざしていました。

フーコーは、権力というものは「末端」で捉えられるべきだ、と言います。つまり、それが作用している現場で捉えられるべきだと。権力はネットワーク的に働く、とも言っています。


権力はネットワーク状に働き、そのネットワーク上では、人びとはたんに行き交うだけでなく、権力に服すると同時に自ら権力を行使する立場につねに置かれているのです。

（邦訳　三二頁）


どこかのローカルな現場で発生した動きが、他の動きと共振しながら網状に広がっていく場合が多いとしているのです。もちろん、ある社会ではそうしたネットワークの頂点に、主権と言えるような統一化された権力があるかもしれませんが、そうではないかもしれない。だから権力の所在について予断を持たずに末端から調べるべきだというのです。

こうしたアプローチは、フーコーにおいては、そもそも理論というものの位置づけとも関係してきます。何か一つの要因、一つの観点からすべてを説明しようとする包括的な理論は、それ自体が抑圧的である。それは一元論であり、実際に一元的な権力としての主権を擁護してきたとされます。

一元論的な理論の立て方に対してフーコーは「系譜学」というアプローチを採用します。系譜学とは何か。我々は通常、主流となった知の流れを追おうとしますが、実際には、それぞれの局面で、主流となったものとは違う考え方、少数意見に終わった意見などがあるわけです。これらは「闘争」に敗れたため埋もれるのですが、もしかするとそれが主流になる可能性もあった。そうした従属化された知を発掘し、定着した流れとは別の可能性がどこにあったかを明らかにする、それが、ニーチェに示唆を受けつつフーコーが展開した系譜学という方法です。

私自身、日本の九〇年代以来の、いわゆる政治改革論議の中で、「決められない政治」が批判されたことに対して、「決めることは捨てること」であり、拙速な決断によって豊かな可能性が失われかねないということを拙著（『政治的思考』）などで強調してきました。これは一種の系譜学的な発想です。

闘争への注目

フーコーはこの本では、この系譜学の立場を歴史的な「闘争」の契機と結びつけていきます。先にもふれたように、これはこの本に特徴的な議論であり、他のところではほとんど展開されていません。

彼はまず、従来の権力概念は、あまりにも経済と結びつけられてきた、とします。つまり経済一元論であり、その点では、いわゆる自由主義だけでなく、マルクス主義もまた同様であった。そして、こうした経済中心主義を脱却する一つの道は、権力を単なる抑圧と見なすことだが、それ以外の可能性もあるし、そちらの方向性を追求すべきだとするのです。

もしも権力がそれ自体として力関係の働きと展開であるとすれば、権力は、譲渡、契約、移譲の用語で分析されるよりは、あるいはさらに、生産関係の更新という機能として分析されるよりは、まずなによりも闘争、対決、あるいは戦争といった用語でこそ分析されるべきなのではないかというものです。

（同一八頁）

驚くべきことに、一見して、前章で読んだシュミットの主張と酷似しています。政治は取引ではなく戦争であるという点に加え、自由主義とマルクス主義をまとめて叩いている点も同じです。

それればかりか、フーコーは、あのシュミットが批判していたクラウゼヴィッツにも言及します。「クラウゼヴィッツの定式を逆転して、政治とは他の手段によって継続された戦争であると考える」（同一九頁）と言うのです。その趣旨は、我々の政治体制は多くの場合、過去の戦争の結果として確立したものであり、そこでは平和の名の下に「一種の静かなる戦争」が継続している、というものです。つまり、契約説であるよりは征服説ですが、征服によって戦争が終わったわけではない、とするところに特徴があり、これがホッブズと違うことは明らかです。ホッブズとの関係については後で詳しく見ます。

むしろここでのフーコーの議論は、ナチス体制からの亡命途上に没した哲学者ヴァルター・ベンヤミンの「暴力批判論」（初出：一九二一年）での「法措定的暴力」と「法維持的暴力」の議論に似ているように思われます。というのも、これから見ていくようにフーコーは継続する戦争状態というものを国家間戦争の局面でなく内戦の局面において、つまり国内の征服者と被征服者との関係において見ていくからです。ベンヤミンは、実際には暴力によって成立したにすぎない秩序が、法によって正当化され、秩序に対する異議申し立てが法によって抑圧される、と述べました。フーコーはベンヤミンには言及していませんが、征服説を採ることで、ベンヤミン的な議論となっています。

シュミットとの関係についていえば、フーコーはその名にも言及していませんし、彼がシュミットを参照したのかどうかは確認できませんでした。ただ、両者は確かに闘争への注目という点では同じですが、その立場は相当に異なるものと言えます。何よりも、これから見るようにフーコーが展開するのはいわば「内戦の擁護」であり、ベンヤミンと同様に、単に暴力によって成立した現存秩序には正当性などない、というのが彼の議論の主眼となります。これに対しシュミットは、ホッブズと共に、内戦を何より恐れ嫌ったわけで、自由とセキュリティのどちらを重視するのか、フーコーとシュミットの立場はまさに逆になっているのです。クラウゼヴィッツの「逆転」の仕方についても両者は異なり、フーコーが今見た通り、政治を戦争の継続とするのに対し、シュミットは以前に見たように、戦争を政治の継続と捉えていました。

法・哲学と歴史・政治

ベンヤミンの法批判と類似した形で、フーコーは法システムに対して、それが既存秩序を支える保守的な役割をしていると批判しています。とりわけ国家と人々との関係についての公法を論じる公法学は、既存秩序の背後にある暴力、すなわち持続している戦争状態を隠蔽し、既存秩序を正当化するものであると。

こうした法システム批判をふまえてフーコーは、人間の言説には次のような大きな対立軸があるとします。それは、哲学的・法的な言説と歴史的・政治的言説との対立です。哲学者や法学者は「普遍的、全体的あるいは中立的な主体」として語る。これに対して、歴史家や政治学者は、「記憶を再発見し忘却を払いのける」ものとして語るからとします(同五四頁)。もっともフーコーは、実際にはローマ時代の年代記から一七世紀の歴史叙述まで、基本的には権力の側に立ち、主権を支えようとする歴史言説が多かったともしているので、すべての歴史言説が、彼が擁護できるようなものでないことは明らかです。むしろ、ほとんどの歴史学は、フーコーの視点からすれば「御用学問」だったということになるのでしょう。

これに対し、彼が擁護する歴史言説は「対抗的歴史（コントル・イストワール）」と呼ばれ、ユダヤ人をはじめとして、既存秩序の正当性を問わなければならなかった人々によって語られてきたものとされます。政治学に関しても、マキャヴェリやホッブズはまさに秩序の擁護者として批判されており、実際にフーコーが評価できる対象は限られてくるはずです。

ホッブズについて

先にも示唆したように、この本ではホッブズは「主要敵」の一人です。これは少し意外なことではありります。ホッブズは「一見したところ、戦争関係を権力関係の基礎と原理に据えた人物のように見え」（同八九頁）るからです。しかし、フーコーによれば、実際には、ホッブズはその理論によって社会秩序から戦争を排除しようとしたのであり、社会秩序の中に闘争・戦争の契機を見出そうとするこの本の趣旨からは、批判されるべき理論家です。

ホッブズは戦争状態としての自然状態を想定しましたが、これについてフーコーは、ホッブズの戦争状態とは、実際の力の激突としての戦争とは異なり、相手を攻撃するぞという「表象のゲーム」であるとしています。そこには、血の臭いはしないと。それは「外交の場」だとまでフーコーが言っているのは言い過ぎでしょうが、ホッブズの自然状態が、実際の暴力が激化する前に人々に思いとどまらせる効果を狙った仮構であるのはその通りです。

いずれにせよ、そうした自然状態としての戦争状態が終わる過程として、ホッブズが「設立」と「獲得」の二つを想定したこともすでに我々は確認しました。私の見るところ、フーコーはこの二つについて正確な理解を示していると思いますが、特にホッブズの「獲得」論に関心を示しています。それは、これがフーコーが重視したい内戦の根拠に関係してくるからです。

「獲得」による国家（コモンウェルス）の形成とは、強力な誰かが現れ、従うか殺されるかという選択肢を示された時に、人々が命乞いして秩序に入る、という話でした。ホッブズがそれをも自由な選択と呼んでいることを、以前、私は問題にしました。しかしフーコーはむしろ、「設立」よりも「獲得」をホッブズが冷遇していると批判します。

一言で言えば、ホッブズが排除したのは征服であり、あるいは歴史の言説および政治の実践における、この征服の問題の使用だったのです。リヴァイアサンの不可視の敵、それは征服です。

（同九八頁）

単なる暴力による征服に基づく秩序には正当性がない、ということになれば、内戦が正当化され得る。それを避けようとしたのがホッブズの議論であったとフーコーは述べます。

ホッブズが追い払ったのはこうした永続的な内戦と国内闘争の言説だったのです。あらゆる戦争と征服の背後に契約を位置づけなおし、そうすることで国家の理論を救いだしたのです。（同九九頁）

ホッブズは戦争状態を遠い過去の記憶の中に封じ込め、現在においては体制に反抗する理由を認めないことによってセキュリティを実現しようとした、とフーコーは整理しているわけです。

フーコーはこの後、イギリスとフランスでの征服の連鎖、そして被征服者と自己規定した勢力の反乱の歴史を両国を比較しながら述べていきます。ホッブズのようなセキュリティ重視の理論家によって排除された抵抗の契機を見出すために。

征服の歴史

イギリスには紀元前からケルト人たちが暮らしていたが、その後、ゲルマン系のサクソン人がこれを征服し、さらにその後、スカンジナビア系のノルマン人がこれを征服した。そして、ゲルマン系が社会の比較的下層を形成し、ノルマン系が上層を形成した。こうしたいわば「人種的」な区分がイギリスでは意識され続けた、とフーコーは指摘しています。

例えば、ホッブズが直面した内戦の時期にも、王に反抗した議会勢力の主流派であるクロムウェルらは、社会の上層の出身であったこともあり、ノルマン征服を批判したりはしませんでした。これに対し、より下層の出身で、それゆえに普通選挙の実施などを求めた「水平派」は、ノルマン征服を批判しているという具合に。イギリス人たちは、こうした征服の歴史を比較的冷静に直視し、それを隠蔽せずに、さまざまな政治闘争の中でそれに言及してきたとフーコーは言います。

他方、フランス人たちの対応は違った。フランスでは中世以来、フランス人は古代のトロイア人に由来するという神話が流通してきましたが、これは、元々住んでいたガリア人がローマ人に征服されたことなどを故意に忘却し、フランス王がローマ皇帝と同格だという議論を展開するためのものであった、とフーコーは述べます。その後、フランソワ・オトマンの『フランコ・ガリア』（一五七三年）が出ますが、これは、「モナルコマキア（暴君放伐論）」と呼ばれる一連のテキストの一つです。モナルコマキアについては、ホッブズのところでも少しふれましたが、フランスのカトリックの王があまりに横暴であればこれを倒してもいいとする議論で、まさに主権に抵抗する議論ですから、フーコーが称賛しても良さそうです。

ところがフーコーはこれに批判的で、その理由として、この本はゲルマン系のフランク人がガリア人を征服した経緯を書いているにもかかわらず、フランク人とガリア人は元々は兄弟であり、ローマ人に征服されていたガリア人をフランク人が解放しにきたのだという怪しい議論を展開しているからとしています。つまり、征服という非対称的な関係を直視していないとするのです。

ちなみに、この元々の兄弟を解放しにいくというのは、今回のウクライナをめぐる事態の中でプーチン大統領がまさに言っている話です。彼はロシア、ベラルーシ、ウクライナは元々は兄弟だという「ユーラシア主義」の信奉者とのことです。現代世界でこのような論理が出てきたことには我々は驚かされましたし、暗澹《あんたん》たる気持ちにさせられました。ちなみに、フーコーによると、一七世紀にはヨーロッパ人はすべてガリア人の末裔《まつえい》だという「ガリア中心主義」なるものさえあったそうです。

このように、征服の歴史を直視しないのがフランスの伝統でしたが、一七世紀末から、アンリ・ド・ブーランヴィリエら「貴族的反動」と呼ばれる歴史家たちが出現して、征服の歴史を正面から取り上げたとして、フーコーはこれを評価します。

闘争の知としての歴史

ブーランヴィリエによると、フランク人たちは、ローマに占領され隷属化されていたガリア人たちを征服することで、これを「解放」しました。そして、このフランク人たちは、ゲルマン的な自由の伝統を持っていたというのですが、彼らの自由とは何であったのでしょうか。

ゲルマン人戦士たちが享受する自由とは、本質的には、エゴイスムの、貪欲さの、戦闘嗜好の、支配と略奪の自由だったのです。

(同一五〇頁)

なかなか物騒な話ですが、フーコーはこうした「野蛮人」たちのゲルマン的自由こそが、絶対的・主権的な権力とは異なる、彼らの社会の多元的な権力構造を支えていたとします。「ソワソンの壺《つぼ》」という物語があり、フランスではよく絵に描かれたりしていますが、フランク王となるクローヴィスが戦勝の際に戦利品の壺を独り占めしようとしたら、部下に戦利品は皆で分けるものだと批判され、その場は諦めた、という話です。実は、後でその生意気な部下に仕返しをすることになるのですが、話の前半を見る限り、中世ゲルマン的な封建制の中に、自由の伝統があったという話になります。

このように中世の封建的な関係の中に主権に対抗する契機を探すというのは、第五章で見たイギリスの政治的多元主義、シュミットが執拗《しつよう》に攻撃していたあの議論などにも見られましたし、丸山眞男は「忠誠と反逆」（初出：一九六〇年）で、日本の中世社会で、主君が間違っている場合には臣下がそれに抵抗することがあったという話に言及して、何とか日本において権力に対抗する伝統を探そうとしました。

ブーランヴィリエは、征服の歴史についての彼の叙述を通じて、フランク人の末裔と見なされる貴族たちに、こうした伝統を思い出させ、それを絶対王政に抵抗する根拠としようとした、とフーコーは論じています。歴史家が明確な意図を持って歴史記述を行うことで、政治的な効果をもたらすことを称揚しているのです。

歴史を語ることは、力関係の配置とその現在の均衡を変更することなのです。歴史は単に諸力を分析したり解読するものでもなく、変更する装置なのです。

（同一七二―一七三頁）

つまり、闘争としての政治と歴史叙述とがそこでは密着しているわけですが、こうした、いわば「歴史戦」的な発想は、危うさをはらんでいます。近年、日本では、一部の新聞社などが牽引《けんいん》する形で、中国・韓国などによる日本の戦争責任追及などに対抗し、日本にとって都合のいい歴史観を定着させようとして「歴史戦」なるものが展開されています。どんな歴史も、それを叙述する際の視点によって、見え方が変わってくるので、立場によって異なる歴史像が生まれざるを得ないとしても、ここまで歴史叙述の客観性を否定することには、リスクが伴います。

ただ、フーコーが評価するブーランヴィリエらの歴史叙述と、こうしたナショナリスティックな「歴史戦」との間には根本的な違いがある点は、見落としてはならないと思います。それは、前者が現在の確立した主権的秩序を相対化する「対抗的歴史」であるのに対し、後者は逆に主権的秩序を強化しようとするものだ、という点です。これは重要な違いです。

現実には、フーコーが注目した対抗的な闘争としての政治は、国民という単位によって簒奪《さんだつ》されていくわけですが、それについて、これから見ます。

野蛮人と未開人

先ほど、ゲルマンの戦士たちが「野蛮人（バルバール）」であるという話を見ましたが、これと「未開人（ソヴァージュ）」とは全然違う、とされます。こうした対比は、よくいろいろな思想家がすることですが、ここでフーコーは、ホッブズやルソーの社会契約論を批判する文脈でそれに言及します。ホッブズやルソーが自然状態で想定しているのは「未開人」であり、この人たちは交換を行うことに元々慣れており、経済関係に適している存在として描かれている。自然状態には法的秩序はないが、それなりに契約の観念などがある。だからこそ社会契約もできるし、社会状態に入ると、彼らは権力に従順なため、そこにセキュリティが実現する。ところが「野蛮人」というのは略奪や戦闘を主にしている人々であり、したがって、いったん秩序ができたとしても、反抗心を失わない。自由を捨てることはしない。こうした「野蛮人」という人間類型を想定することが大事なのだ、という趣旨のことをフーコーは述べています。

ここでフーコーが、彼の評価する闘争としての政治との対比において、社会契約論の保守性を指摘していることに、注目しておくべきでしょう。この点は主流の政治学ではあまり指摘されませんが、社会契約論とは、現在の秩序が同意に基づくものだとして、それを正当化するものですから、構造としては保守的なものです。あえて「構造として」と言ったのは、そこで守られるべき秩序の性格次第では、それが「自由な伝統」を守るという意味で、自由主義的な政治的意味を持つこともあるからです。

私がここで念頭においているのが、日本の憲法改正問題であることは、もうおわかりでしょう。護憲論者は、日本国憲法について、国民の同意があったという社会契約論的な議論をすることが多い。他方、いわゆる「押しつけ憲法」論に基づく改憲論は、構造としては、征服説による闘争の政治に近い。ですから、護憲論は保守的だという議論は、論理構造という意味では当たっています。しかし、改憲論者の全部とは言わないまでも、その一部は、個人の自由を重視する現在の憲法秩序を、より集権的な、少数意見より全体のセキユリティを重視する方向に持っていこうとしているので、内容としては、そちらが保守的なのです。

それはともかく、フーコーの議論に戻ると、フランスではブーランヴィリエらの時代以後、次第に「野蛮人」という人間類型が隅に追いやられ、「未開人」への言及が増えていく、とされます。なぜそうなったのか。それは、貴族からブルジョワジーを中心とする「第三身分」へと、支配権が移行したからです。そもそも都市の商工業者などのブルジョワジーは、貴族階級と違い、征服した側の出身ではなく、歴史叙述によって自分たちを格上げすることはできないので、一八世紀までは歴史叙述そのものに反発していました。それもあって、彼らは「野蛮人」より「未開人」を重視し、ルソーと共に、自然法や契約に言及することを好んだというのです。

その後、紆余曲折があったものの、結局、フランス革命以後に、歴史言説から闘争・戦争の要素が取り除かれ、歴史言説の「ブルジョワ化」が進行しました。これを体系化したのが、フランス革命を推進した政治家アベ＝シェイエス（またはシィエス）です。

一つのナシオンへ

ブーランヴィリエらは、国内には征服者と被征服者という二つの集団があり、潜在的な内戦が続いていると考えました。つまり、国内に複数の「ナシオン」があるとしていたわけです。ちなみに、このナシオン、英語でいえばネーションという言葉は、元々はある地方の出身者などを指すものにすぎませんでした。これに対し、シェイエスは、『第三身分とは何か』（一七八九年）で、ナシオンはあくまで一つであると主張し、ここに、ある国家内の国民（ナシオン）の一元性という考え方が確立します。

しかもシェイエスは同時に、この国民は、実際には「第三身分」と同一視できるという整理もしています。貴族や聖職者などはもはや度外視してよく、ブルジョワジーを中心とする平民全体が、一つの国民を形成するというのです。国内には複数の異質な集団などは存在しないことになります。

フーコーによれば、シェイエスはこのような議論をするために、あえてナシオンの存在条件を定義し、共通の法の存在、産業の存在などを挙げました。それにより、社会で産業などを実質的に担っている第三身分を、国民全体と同一視できるとしたわけです。このように定義することで、征服・被征服といったブーランヴィリエらの闘争論的なナシオン論の可能性は封じられることになります。

シェイエスは国民としてのナシオンが一体性を持つだけでなく、それが特定の国家との必然的なつながりを持つともしました。ナシオンは「少なくとも点線で描かれた国家」とされます。ここに、一つのナシオンに一つの国家が対応するという、例の「国民国家」概念が成立することになる。それによって、もはや国内には、現存秩序に対抗する基盤、闘争の契機は失われてしまった、というのがフーコーの議論です。

生権力について

この後フーコーは、最終回の講義で駆け足的に一九世紀以降の展開を論じています。まず「生権力」についてです。これについては、その後に出版された講義録や本でさらに展開されており、ここでの議論はいわば前ぶれです。

フーコーは生権力を「権力による生きものとしての人間の把握、生物的なものの国家化」(同二四〇頁)などとここで呼んでいます。人間の群れを管理し、それをより健康で増殖的なものにすることがこの権力の目的で、それは個人に対するミクロ的な権力としては、規律権力として現れます。同時に、集団全体に対してマクロ的に、その出生率、死亡率、平均寿命などに注目しながら、公衆衛生政策や、人口増加政策などを実施することになります。

こうした権力は、生活していく上でのセキュリティを増大させる点で、一定の積極的な意味を持っているわけですが、その一方で、それは私たちの生き方をさまざまに規制するものであり、自由を奪う面があります。生権力の二面性です。

例えば日本でずっと言われている「少子高齢化問題」は、人口構成を問題にしており、典型的な生権力の視点を示しています。この問題への解決策としての出産奨励策は、例えば一時期の中国で行われていた逆向きの「一人っ子政策」などと比べれば、害はないように見えるかもしれませんが、それは結局のところ、出産可能年齢の女性たちに自らのキャリアよりも出産を優先するようにという圧力をかけ、彼女たちの生き方を大きく左右することになりがちです。

もう一つの例は、もちろん、新型コロナなどの感染症対策です。ロックダウンや行動制限などは規律権力の現れですが、ワクチン接種の推進や、さまざまな数字に基づいて「行動変容」を呼びかけることは、マクロ的な「生権力」です。

ちなみにフーコーは『安全・領土・人口』で感染症について論じ、行使される権力の種類は、病原の種類によって左右されるとしました。ハンセン病では感染者が隔離され、ペストでは、本人の隔離では止められないので、地域毎にロックダウンなどの検疫的な規律権力が行使されるが、天然痘のようにウイルス性の場合には、感染力が高くてロックダウンなどは無意味なので、ワクチンが必要とされ、それに加えて、統計数字によって人々を管理することになる、と。

なお近代日本では、隔離がきわめて強制的に行われ、根治可能となった後も継続されました。それはまさに、国家によるセキュリティ追求と自由との対立を象徴する出来事でした。

私は今回のコロナ禍の初期段階で、フーコーの整理を興味深く再読しました。実際、感染症専門家たちも、当初は、新型コロナ・ウイルスについては国境封鎖などは無意味なのですべきでないとしていました。それが結局、国境封鎖、ロックダウンなどの規律権力に頼ることになったのは、ワクチンができるまでは何もしない、という選択が政治的に不可能だったからであると思います。スウェーデンのように、集団免疫の獲得を目指すと宣言していたところは例外でした。目に見えて自由を奪うやり方は、人々に苦痛を与えるがゆえに、セキュリティを増大させる効果があると、人々は考えるものです。苦い薬は効くと信じるように。実際に効果があるかどうかは、人々の心理が決めることではなく、ウイルスが決めることですが。

人種主義への転換か

次に、今述べた隔離政策などとも関連しますが、現代においては生権力が「人種主義」と結合することによって、ブーランヴィリエらの抵抗的な闘争・戦争とは全く異なる、国家テロリズムのような戦争の論理が導入されることになった、とフーコーは論じます。ここでの人種主義とは、肌の色の違いなどに基づく一般的に人種と考えられているものだけを指すわけではなく、本書のこれまでの議論では、シュミット的な味方／敵のグループ分けとも関連する、より広い概念となっています。

それは権力が引き受けた生命の領域に切れ目を入れる方法なのです。そうやって生きるべき者と死ぬべき者を分けるのです。

（同二五三頁）

他者の死、劣悪種の死、劣等種（あるいは退行者や異常者）の死、これは生命一般をより健全にしていく、より健全でより純粋なものにしていくものなのです。

（同二五四頁）

このように、マイノリティや障がいのある人々などに対して、優生学的な措置を実施することが、多数者のセキュリティをかえって高めることになるという発想が、群れの健康を目指す生権力の延長上に出てくる。こうして、新たに国民集団の内部にも国家による一種の「内戦」が持ち込まれるわけですが、これは「軍事的でも戦争的でも政治的な関係でもなくて、生物学的な関係です」（同二五四頁）とフーコーは述べています。一九世紀の進化論的な生物学理論などが、こうした方向づけに寄与したものとされます。

さらに、この人種主義は、国内だけでなく、海外に対しても適用される。植民地化の過程での虐殺などがその典型です。ナチス体制もまた、人種主義的な生権力を、高度の規律権力などと共に全面的に行使したものであり、ソ連型社会主義諸国も、この点において異なるものではなかった、と言うのです。

このように、この本でフーコーは、征服説に基づく内戦の論理は、主権的・集権的な権力に対する抵抗の根拠として、かつては一定の解放的な意味を持っていたが、その後の国民統合でそうした可能性は失われ、逆に少数派を抑圧する人種主義的な内戦の論理に変質した、と論じています。一番の問題は、かつての征服説が、確立した秩序に対抗する論理であったのに対し、その後の展開は、確立した秩序の側、国家の側、多数派の側による少数派や弱者への抑圧の論理になっているという点です。この点の違いは確かに大きいと思います。

統合を脅かしかねない「内敵」の封殺を目指すホッブズやシュミットの系譜とは、戦争・闘争を論じる点で共通しながら、自由やセキュリティという価値への態度では、フーコーは彼らとは逆のところにいることが明らかになったと思います。

しかしながら、少し距離を置いて見てみると、かつての征服説にしても、異なる起源を持つ人間集団の間に亀裂を見出すものである以上、生物学的な人種主義とも一定の連続性があることは否定できないのではないでしょうか。確立した秩序への異議申し立ての自由、政治的な多元性は、そのように人間の属性を根拠として確保されるべきではなく、考え方・意見の違いを根拠に確保されるべきでしょうし、暴力的な闘争ではなく、多元的な存在の間の競争や交渉を通じて実践されるべきです。この点で、フーコーのこの本での議論の方向性には、留保が必要と考えられます。

二〇二三年四月一二日

エピローグ

自由とセキュリティとの関係について、思想家たちは何を考え、何を考えなかったのか。数冊の本を道しるべとする短い旅はひとまず終わった。

神との関係で人は自由なのか、自由と思っても本当は動かされているのかという問題も、歴史上、重視されてきたが、それとは別に、社会の中で個人がどこまで自分自身の判断（と思われるもの）に従って行動することができるのかが、きわめて重要な問題であり続け、それをめぐって多くの思索がめぐらされてきたことが確認された。

個人よりも社会の側につくことが、セキュリティ、すなわち生命や生活の安全をもたらすとされがちなのはなぜか。それは一つには、人々は力を合わせることによって、より強い存在に（その一部に）なることができると一般に考えられるからである。群れを作って暮らす方が有利であるとされた。そして、もう一つには、そうした結合体としての社会の外部に出ることは、合同の力の恩恵を受けないだけでなく、社会自体からの攻撃を受けやすくなり、危険なものと考えられたからである。はぐれて暮らすことは不利とされた。

大小の群れがある時には、大きな群れに入るのが有利とされた。多数派は少数派を抑圧することができる。こうした論点は、一九世紀の自由主義者たちによって発見されたように論じられがちであるが、それ以前の思想家たちによっても意識されていた。

群れを作り、しかも、群れが割れないように一つの意志によってまとまること。これこそが、セキュリティを重視する政治理論家たちが説いたことであった。しかも彼らはしばしば、自らの身を脅かす力を意識しながら論じることを強いられた。

セキュリティを維持する秘訣《ひけつ》は、現存秩序の維持にあるとされた。何が何でも現在の秩序を正当化する。秩序が変更されれば、新たな秩序を正当化する。古い秩序を正当化していた過去については口をぬぐい、可能なら記録を抹消する。

こうしたセキュリティを重視する政治理論に対して、自由を重視する政治理論の根幹は何か。一つには、どう生きるべきかは人それぞれであり、どの生き方が正しいという確証がない以上、一つにまとまることはできないという考え方である。もう一つには、絶対的に正しい秩序というものが（少なくとも当面は）保障されないとすれば、秩序への異議申し立ての余地は、常に必要だという考え方である。

こうした観点から、自由を重視する政治理論は、社会に対する個人の、あるいは多数派に対する少数派の秩序対抗的な動きを擁護する。それは、主として自由な言論保障への要求であるが、時には、主権に対抗する「内戦」的な論理への評価さえ含む。

セキュリティ重視の政治理論からすれば、秩序対抗的な動きは、セキュリティの低下につながる攪乱《かくらん》要因にすぎない。しかし、自由重視の政治理論からしてみれば、秩序を一元化し、それを固定化しようとすることこそが、秩序を牢獄《ろうごく》に変え、人々の生活のセキュリティをかえって低下させかねないのである。

一般的には、セキュリティ重視の政治理論は自由重視の政治理論よりも「現実的」とされ、幅広く支持されがちである。多くの人々は不安の中で暮らし、自由を望むだけの経済的・社会的な条件は満たされていないからである。セキュリティ重視の理論家らが冷徹に論じたように、人々は自分の生命・生活を守るためには、進んで自由を諦めるものである。しかし、あえていえば、構造的にセキュリティが優位であることは、自由を論じる必要性をむしろ増すものであって、減らすものではないのではないだろうか。少数意見を封じて一元化すれば最も強力になると想定した秩序の多くは、歴史の中で脆弱さをさらけ出してきたからである。

自由の経済的・社会的な前提条件とされるものは実はセキュリティの確保であり、その追求と自由の実現とは別である。自由の存在とは、現存する秩序とは違う何か、多数派が想定するものとは違う何かを目指す実践が現に行われていることに他ならない。

こうして見ると、自由とセキュリティの相剋という本書のテーマは、きわめて本質的な対立に関わっている。それは、セキュリティへの危機意識が改めて高まり、自由な言論や活動への抑圧が強まっている現代において重要であるだけでなく、時代を通じて重要なものであり続けてきた。

それに比べると、長い間、人々の関心事であった、体制が民主的であるかないかといった対立軸は、二次的なものとも見えてくる。デモクラシーは優れた政治体制であるが、それは容易に多数者の専制に転じる。少数意見を封殺する政府は、しばしば多数者の民意によって支えられており、セキュリティを目的とした自由の軽視は、最も民主的な社会においても（むしろ、そこにおいてこそ）あり得る。

自由か伝統かという対立軸も、二次的なものと言える。自由な社会とは結局のところ、自由な伝統がある社会、すなわち自由な実践が定着している社会だからである。他方で、自由でない社会とは、自由な伝統が存在しない社会であり、そうした社会を自由な社会へと、制度改革などの方策によって、一挙に変えることは難しい。

そして、自由という価値は、他の価値とは異なる特別の位置を占めている。さまざまな価値の中から選ぶことそのものが自由だからである。

セキュリティと自由との相剋をどう考えるか。セキュリティへの要求が高まる中で、自由な秩序をどのようにして作り出し、維持していくのか。それこそが政治のアルファにしてオメガなのである。

集英社新書　好評既刊

哲学・思想——C

「世逃げ」のすすめ　ひろさちや
悩む力　姜尚中
神と仏の風景「こころの道」　廣川勝美
無の道を生きる——禅の辻説法　有馬頼底
新左翼とロスジェネ　鈴木英生
虚人のすすめ　康芳夫
自由をつくる　自在に生きる　森博嗣
創るセンス　工作の思考　森博嗣
努力しない生き方　桜井章一
いい人ぶらずに生きてみよう　千玄室
生きるチカラ　植島啓司
韓国人の作法　金栄勲
自分探しと楽しさについて　森博嗣
人生はうしろ向きに　南條竹則
日本の大転換　中沢新一
小さな「悟り」を積み重ねる　アルボムッレ・スマナサーラ
犠牲のシステム　福島・沖縄　高橋哲哉
気の持ちようの幸福論　小島慶子
日本の聖地ベスト100　植島啓司
続・悩む力　姜尚中
心を癒す言葉の花束　アルフォンス・デーケン
その未来はどうなの?　橋本治
荒天の武学　内田樹　光岡英稔
世界と闘う「読書術」思想を鍛える一〇〇〇冊　佐高信　佐藤優
心の力　姜尚中
一神教と国家　イスラーム、キリスト教、ユダヤ教　内田樹　中田考
それでも僕は前を向く　大橋巨泉
体を使って心をおさめる　修験道入門　田中利典
百歳の力　篠田桃紅
ブッダをたずねて　仏教二五〇〇年の歴史　立川武蔵
「おっぱい」は好きなだけ吸うがいい　加島祥造
科学の危機　金森修
悪の力　姜尚中

a pilot of wisdom

集英社新書　好評既刊

政治・経済——A

イランの野望　浮上する「シーア派大国」　鵜塚　健
世界「最終」戦争論　近代の終焉を超えて　内田　樹／姜　尚中
日本会議　戦前回帰への情念　山崎　雅弘
不平等をめぐる戦争　グローバル税制は可能か？　上村　雄彦
中央銀行は持ちこたえられるか　河村小百合
近代天皇論　——「神聖」か、「象徴」か　片山　杜秀／島薗　進
地方議会を再生する　相川　俊英
ビッグデータの支配とプライバシー危機　宮下　紘
スノーデン　日本への警告　エドワード・スノーデン／青木　理 ほか
閉じてゆく帝国と逆説の21世紀経済　水野　和夫
新・日米安保論　柳澤　協二／伊勢﨑　賢治／加藤　朗
世界を動かす巨人たち〈経済人編〉　池上　彰
アジア辺境論　これが日本の生きる道　内田　樹／姜　尚中
ナチスの「手口」と緊急事態条項　長谷部　恭男／石田　勇治
「在日」を生きる　ある詩人の闘争史　金　時鐘／佐高　信
改憲的護憲論　松竹　伸幸
決断のとき——トモダチ作戦と涙の基金　小泉純一郎／取材・構成　常井健一
公文書問題　日本の「闇」の核心　瀬畑　源
国体論　菊と星条旗　白井　聡
広告が憲法を殺す日　本間　龍／南部　義典
よみがえる戦時体制　治安体制の歴史と現在　荻野富士夫
権力と新聞の大問題　望月衣塑子／マーティン・ファクラー
「改憲」の論点　木村草太／青井未帆 ほか
保守と大東亜戦争　中島　岳志
富山は日本のスウェーデン　井手　英策
スノーデン　監視大国　日本を語る　エドワード・スノーデン／国谷裕子 ほか
「働き方改革」の嘘　久原　穏
国権と民権　佐高　信／早野　透
限界の現代史　内藤　正典
除染と国家　21世紀最悪の公共事業　日野　行介
安倍政治　100のファクトチェック　南　彰／望月衣塑子
「通貨」の正体　浜　矩子
隠された奴隷制　植村　邦彦

杉田 敦（すぎた あつし）

一九五九年生まれ。政治学者。東京大学法学部卒業後、東京大学助手、新潟大学助教授などを経て、法政大学法学部教授。専門は政治理論。著書に『権力の系譜学』『権力』『デモクラシーの論じ方』『政治への想像力』『境界線の政治学 増補版』『政治的思考』『両義性のポリティーク』。編著に『丸山眞男セレクション』など。

自《じ》由《ゆう》とセキュリティ

二〇二四年五月二二日 第一刷発行　　集英社新書一二一五A

著者……杉《すぎ》田《た》 敦《あつし》
発行者……樋口尚也
発行所……株式会社集英社
東京都千代田区一ツ橋二-五-一〇 郵便番号一〇一-八〇五〇
電話 〇三-三二三〇-六三九一（編集部）
〇三-三二三〇-六〇八〇（読者係）
〇三-三二三〇-六三九三（販売部）書店専用

装幀……原 研哉
印刷所……大日本印刷株式会社 TOPPAN株式会社
製本所……加藤製本株式会社

定価はカバーに表示してあります。

© Sugita Atsushi 2024
ISBN 978-4-08-721315-7 C0231
Printed in Japan

造本には十分注意しておりますが、印刷・製本など製造上の不備がありましたら、お手数ですが小社「読者係」までご連絡ください。古書店、フリマアプリ、オークションサイト等で入手されたものは対応いたしかねますのでご了承ください。なお、本書の一部あるいは全部を無断で複写・複製することは、法律で認められた場合を除き、著作権の侵害となります。また、業者など、読者本人以外による本書のデジタル化は、いかなる場合でも一切認められませんのでご注意ください。

a pilot of wisdom

a pilot of wisdom

生存教室 ディストピアを生き抜くために　内田 樹／光岡英稔
ルバイヤートの謎 ペルシア詩が誘う考古の世界　金子民雄
感情で釣られる人々 なぜ理性は負け続けるのか　堀内進之介
永六輔の伝言 僕が愛した「芸と反骨」　矢崎泰久・編
淡々と生きる 100歳プロゴルファーの人生哲学　内田 棟
若者よ、猛省しなさい　下重暁子
イスラーム入門 文明の共存を考えるための99の扉　中田 考
ダメなときほど「言葉」を磨こう　萩本欽一
ゾーンの入り方　室伏広治
人工知能時代を〈善く生きる〉技術　堀内進之介
究極の選択　桜井章一
母の教え 10年後の『悩む力』　姜 尚中
一神教と戦争　橋爪大三郎／中田 考
善く死ぬための身体論　内田 樹／成瀬雅春
世界が変わる「視点」の見つけ方　佐藤可士和
いま、なぜ魯迅か　佐高 信
人生にとって挫折とは何か　下重暁子

全体主義の克服　マルクス・ガブリエル／中島隆博
悲しみとともにどう生きるか　柳田邦男／若松英輔 ほか
原子力の哲学　戸谷洋志
退屈とポスト・トゥルース　マーク・キングウェル／上岡伸雄・訳
「利他」とは何か　伊藤亜紗・編
はじめての動物倫理学　田上孝一
ポストコロナの生命哲学　福岡伸一／伊藤亜紗／藤原辰史
哲学で抵抗する　高桑和巳
いまを生きるカント倫理学　秋元康隆
未来倫理　戸谷洋志
日本のカルトと自民党 政教分離を問い直す　橋爪大三郎
アジアを生きる　姜 尚中
サークル有害論 なぜ小集団は毒されるのか　荒木優太
スーフィズムとは何か イスラーム神秘主義の修行道　山本直輝
スーザン・ソンタグ 「脆さ」にあらがう思想　波戸岡景太
一神教と帝国　内田 樹／中田 考／山本直輝
「おりる」思想 無駄にしんどい世の中だから　飯田 朔

a pilot of wisdom

集英社新書　好評既刊

戦争はどうすれば終わるか？ ウクライナ、ガザと非戦の安全保障論
柳澤協二／伊勢﨑賢治／加藤　朗／林　吉永
自衛隊を活かす会 編　1204-A
軍事と紛争調停のリアルを知る専門家らが、「非戦」の理念に基づいた日本安全保障のあるべき姿勢を提示。

文章は「形」から読む ことばの魔術と出会うために
阿部公彦　1205-B
「文学作品を実用文書のように、実用文書を文学作品のように」読むことができる画期的な日本語読本。

「笑っていいとも！」とその時代
太田省一　1206-H
最終回から一〇年の節目に、国民的テレビ番組の軌跡から戦後の日本社会やテレビの可能性を明らかにする。

私たちの近現代史 女性とマイノリティの100年
村山由佳／朴慶南　1207-D
関東大震災時の朝鮮人虐殺から戦争、差別まで、女性作家二人が自らの経験も交えて日本の一〇〇年を語る。

カレー移民の謎 日本を制覇する「インネパ」
室橋裕和　1208-N〈ノンフィクション〉
インドカレー店が明かす日本社会と外国人の関係とは？　美味しさの中の真実に迫るノンフィクション。

デンマーク流ティーンの育て方
イーベン・ディシング・サンダール　鹿田昌美・訳　1209-E
「世界一幸せな国」の親たちは悩みの多いティーンエイジャーをどう育てているのか？　一〇の心得を紹介。

全身ジャーナリスト
田原総一朗　1210-A
激動の半生と共に政治事件の真相や重要人物の素顔、社会問題の裏側、マスコミの課題を語り下ろした〝遺言〟。

自壊する欧米 ガザ危機が問うダブルスタンダード
内藤正典／三牧聖子　1211-A
「自由・平等・博愛」を謳う一方でガザの大量虐殺を黙認する欧米。世界秩序の行方を専門家が議論する。

なぜ働いていると本が読めなくなるのか
三宅香帆　1212-B
労働と読書の歴史をひもとくと、仕事と趣味が両立できない原因が明らかになる。本好きに向けた渾身の作。

永遠なる「傷だらけの天使」
山本俊輔／佐藤洋笑　1213-F
萩原健一と水谷豊の名コンビが躍動した名作ドラマの関係者らを新たに取材し、改めてその価値を問う。

既刊情報の詳細は集英社新書のホームページへ
https://shinsho.shueisha.co.jp/

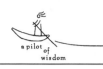